LÍDER
CONFORME
AL CORAZÓN
DE DIOS

15 *maneras de
ejercer un liderazgo fuerte*

JIM GEORGE

PORTAVOZ

La misión de Editorial Portavoz consiste en proporcionar productos de calidad —con integridad y excelencia—, desde una perspectiva bíblica y confiable, que animen a las personas a conocer y servir a Jesucristo.

Título del original: *A Leader After God's Own Heart* © 2012 por Jim George y publicado por Harvest House Publishers, Eugene, Oregon 97402. Traducido con permiso.

Edición en castellano: *Un líder conforme al corazón de Dios* © 2013 por Editorial Portavoz, filial de Kregel Publications, Grand Rapids, Michigan 49501. Todos los derechos reservados.

Traducción: Belmonte Traductores, www.belmontetraductores.com

EDITORIAL PORTAVOZ
P.O. Box 2607
Grand Rapids, Michigan 49501 USA
Visítenos en: www.portavoz.com

ISBN 978-0-8254-1832-7 (rústica)
ISBN 978-0-8254-0365-1 (Kindle)
ISBN 978-0-8254-8501-5 (epub)

1 2 3 4 5 / 17 16 15 14 13

Impreso en los Estados Unidos de América
Printed in the United States of America

Contenido

Una invitación al liderazgo piadoso 5

Primera parte
El llamado al liderazgo espiritual fuerte

1. Fortaleza... la promesa de Dios para su liderazgo 9

Segunda parte
Características del liderazgo espiritual fuerte

2. El manejo de la crisis... desata su liderazgo 21
3. La oración... fortalece su liderazgo 32
4. El valor... consolida su liderazgo 43
5. La sabiduría... fomenta su liderazgo 55
6. La planificación... le aporta enfoque a su liderazgo 66
7. La motivación... extiende su liderazgo 79
8. La delegación... desata su liderazgo 91
9. El ánimo... apoya su liderazgo 101
10. La resolución de problemas... refina su liderazgo 112
11. El manejo de conflictos... le da determinación
    a su liderazgo 124
12. La visión... le da dirección a su liderazgo 135
13. La renovación... refresca su liderazgo 146
14. La lealtad... afirma su liderazgo 156
15. La integridad... valida su liderazgo 168
16. La pureza... bendice su liderazgo 181

Guía de estudio 191
Bibliografía 233
Notas 235

UNA INVITACIÓN AL LIDERAZGO PIADOSO

El liderazgo es un tema extenso y casi imposible de capturar dentro de los límites de un libro de doscientas páginas. Solo vaya a su librería local, cristiana o secular. En ambos casos, encontrará muchos estantes dedicados a este tema significativo. Cada área de desempeño tiene sus secretos para quienes aspiran a puestos de prominencia: la comunidad empresarial tiene sus fórmulas para liderar, así como las comunidades políticas y las comunidades de medios de comunicación. Sin duda, usted y yo como cristianos también tenemos nuestras instrucciones en las Escrituras sobre lo que implica llegar a ser un líder.

Para mí, aprender sobre el liderazgo tuvo sus comienzos en mi iglesia local. Claro que había ido a la librería y comprado una veintena de libros al respecto y que también, como vendedor farmacéutico, había observado personalmente a mis jefes y a sus ejemplos de liderazgo. Pero todo eso quedó en un segundo plano al compararlo con los principios de liderazgo valiosos y transformadores que se basan en la Biblia y que enseñaban en la iglesia a la que asistía. Esto fue mi trampolín para desarrollar mi liderazgo y, finalmente, convertirme en líder en un cuerpo local de creyentes.

En mi iglesia, Dios proveyó modelos fuertes y visibles de liderazgo piadoso. A medida que leía las Escrituras, fui bendecido con los ejemplos de grandes líderes como Abraham, José, Moisés, Josué y David. Los ejemplos de carne y hueso al interior de las tapas de mi propia Biblia me dieron gran perspectiva sobre el tema. Y un hombre en particular, Nehemías, me ha fascinado durante las décadas en las que he estudiado a los líderes y al liderazgo.

En muchos aspectos, Nehemías solo era un hombre común que se ocupaba de sus asuntos, cuando Dios se le acercó y le pidió que diera un paso al frente y fuera un líder para Él. Como usted ha tomado la iniciativa de leer este libro, es probable que pase lo mismo: o ya es un líder, o quizás Dios se le está acercando y está pidiéndole a *usted* que dé un paso al frente y llegue a ser un líder. Si está dispuesto a aceptar el reto de Dios, este libro le dará dirección sobre cómo puede convertirse en un líder fuerte mediante el cual el Señor obre en las vidas de otras personas.

Como la Biblia guarda silencio sobre gran parte de la vida de Nehemías, incluí en este libro muchas observaciones extraídas de comentarios bíblicos, libros sobre usos y costumbres de los tiempos bíblicos y otros tipos de textos históricos.

Además, intenté imaginar los problemas que el líder Nehemías tuvo que afrontar y qué pudo haber pensado o sentido ante cada reto que enfrentó. Intenté visualizar las escenas bíblicas que describen las situaciones y usarlas para dibujar un retrato de este hombre y líder increíble. Intenté meterme en su mente (y en su alma) mientras buscaba ser un líder conforme al corazón de Dios. Traté de situarnos a usted y a mí justo en su época y en sus sandalias. Quería que escuchara su corazón, experimentara sus problemas y observara, de forma cercana y personal, cómo los resolvió con éxito y guió al pueblo del Señor.

Mi oración es que las "15 maneras de liderar con fortaleza" que se presentan en este libro y que Nehemías demostró, le presenten un modelo para que también pueda fortalecer su liderazgo en cada esfera de su vida. Que su liderazgo se base en la Palabra de Dios, que el Espíritu le capacite y que pueda convertirse en *Un líder conforme al corazón de Dios.*

En Él,
Jim George

PRIMERA PARTE

EL LLAMADO AL LIDERAZGO ESPIRITUAL FUERTE

1

FORTALEZA... LA PROMESA DE DIOS PARA SU LIDERAZGO

Todo lo puedo en Cristo que me fortalece.

(FILIPENSES 4:13)

Había llegado el momento de la verdad. La carrera de Nehemías, incluso su vida misma, pasó ante sus ojos. *¿En qué estaba pensando? ¿Qué me hizo incluso soñar que podía engañar a otros, especialmente a quienes sirvo y con quienes trabajo mano a mano?* —se preguntó, mientras lo obligaban a hacer una evaluación de las posibilidades concretas.

Había orado por una oportunidad como ésta, pero cuando llegó sin advertencia (ni siquiera con una pista), lo tomó tan desprevenido que su corazón y su mente se inundaron de temor en un instante. Sin embargo, al borde de esta emoción, la fe comenzó a titilar, a prenderse y a encender el camino hasta su alma. Produjo su milagro fortalecedor y él comenzó a recordar quién era.

¡Sí! Soy el copero del rey, uno de los hombres más confiables del imperio persa. Soy uno de los pocos escogidos que el rey permite que estén en su presencia. Tengo rango y privilegio, ¡le sirvo a él! —empezó a recordarle su corazón.

Sintió que su fortaleza y confianza ganaban impulso. Y entonces, recordó la verdadera razón de este momento. *Estoy respondiendo al llamado de Dios a servirle* —sin embargo, dudó en ese instante y se preguntó—, *¿cómo reaccionará mi rey terrenal, altamente impredecible y volátil, ante lo que estoy a punto de pedirle? ¿Qué debo pedir?*

El antecedente histórico de Nehemías

Antes de ver la respuesta del rey ante la pregunta ardiente que Nehemías se vio obligado a hacerle, hagamos regresar las páginas del tiempo unos cuatro meses. Para los hebreos, es el mes de *chislev* (corresponde a noviembre-diciembre en nuestro calendario). La escena se sitúa en Susa, la capital de invierno del inmenso imperio persa, que se extiende desde Egipto hasta India. Nuestra historia y la preparación de un líder conforme al corazón de Dios comienzan con lo que parece ser una biografía (o quizás, incluso una autobiografía) de un hombre llamado *Nehemías*, que significa "Jehová consuela".

Su historia comienza sin algarabía. No hay trompetas, multitudes ni pompa y circunstancia. No hay introducción, genealogía, ni exclamaciones de triunfo u orgullo. Por eso, muchos eruditos creen que el escriba Esdras, contemporáneo de Nehemías, probablemente fuera el autor del libro que relata su historia y revela la preparación de su liderazgo. Si el mismo Nehemías hubiera escrito esta crónica, como la mayoría de otros autobiógrafos, habría incluido más detalles de los antecedentes, y seguramente, más información personal, ¿no cree?

El versículo de apertura del libro nos dice que Nehemías era "hijo de Hacalías". Sabemos poco o nada de su padre. La única otra información que Esdras comparte en el versículo 1:1 es que era el copero del rey.

No es mucho, ¿verdad? No es gran cosa, al menos en la cultura actual. ¿Se imagina a Nehemías como camarero en algún restaurante extravagante? O, ¿quizá como mayordomo? No lo haga. Sin duda, no hay nada de malo en estas profesiones, pero al volver al año 445 a.C., tener el título de *copero* era algo especial: *muy* especial.

Era mucho más que un sirviente, era más parecido a un asistente personal con una posición de gran privilegio y responsabilidad. ¡Lo que hacía era arriesgado! En cada comida, el copero probaba el vino del rey para asegurarse de que no estuviera envenenado.

Y hay más. Como permanecía cerca del rey en público, tenía que ser apuesto, culto y entendido en los procedimientos de la corte. Para completar sus requisitos, tenía que ser capaz de conversar con el soberano y aconsejarlo, si le pedían que lo hiciera. Ya que un copero tenía tal acceso al rey, lo consideraban un funcionario importante de gran influencia (la cual podía utilizarse para bien o para mal).

Hay mucho más. Nehemías no solo era *un* copero del gobernante más importante de su época. No, ¡era *el* copero! Esta distinción pudo haberlo convertido en *el* hombre de más confianza e importancia al servicio del rey de Persia. Por consiguiente, cuando Esdras escribió que era "el copero del rey", ¡realmente era un asunto importante!

En este punto, quizá se esté preguntando: *¿Cómo terminó Nehemías convirtiéndose en un hombre de mucha confianza en el reino más grande de su época?* El escriba Esdras da muy poca información, no registra nada sobre los orígenes de Nehemías ni sobre su ascenso al poder. Por tanto, sentimos curiosidad: ¿heredó su posición privilegiada, como hacen tantos líderes? O, ¿pagó una gran suma de dinero para asegurarla, como hacen muchos? No hay respuestas. El autor deja estos asuntos a nuestra imaginación.

Como sabemos tan poco sobre el ascenso al poder de quien pronto será nuestro héroe, y como nuestro tema es el liderazgo y la fortaleza que requiere, quizá nos resultaría más provechoso explorarlo desde un ángulo diferente: ¿qué hizo que Nehemías fuera el centro de atención cuando el rey necesitó escoger a alguien que se convirtiera en su confidente, casi en su líder adjunto, en su asistente personal, en un miembro del equipo, en su guardaespaldas (al menos cuando se trataba de una disposición para sacrificarse por su vida al probar su vino)? O, ¿qué cualidades mostró (las cuales se presentan a lo largo del libro) que contribuyeron a que fuera un líder tan fuerte?

Si se ha preguntado por las cualidades que constituyen a un líder fuerte, las encontrará en la vida de Nehemías. En este libro, las explorará y descubrirá cómo puede lograr que sean parte de su vida. Si ha deseado crecer en sus capacidades de liderazgo y aún no está seguro de cómo lograrlo, este libro le ayudará a comenzar a establecer metas específicas para crecer y explotar el potencial que Dios ha puesto en usted. Puede salir con valentía, con fortaleza en su búsqueda personal para ser un líder conforme al corazón de Dios.

¿Quién, yo? ¿Un líder?

Quizás haya luchado en el pasado con el asunto de si verdaderamente fue llamado a ser un líder. Cuando mira a los grandes de la Biblia (hombres como Abraham, Moisés, David y Nehemías), se pregunta si alguna vez podría estar a su altura. Quiere que Dios lo utilice, pero quizá siente que no tiene lo necesario. O, ¡quizá ni siquiera está seguro de *querer* ser un líder!

Bien, ponga a dormir sus dudas y preguntas. El llamado a servir como líder no se reduce a los rangos élite de los grandes en la Biblia, tampoco se limita a los directores generales ni a los gerentes financieros de una empresa. El término *líder* no solo está reservado para quienes presiden comités en su iglesia o se paran en el púlpito. Hay muchas situaciones en las que se necesita que un hombre ofrezca liderazgo.

Subráyelo bien: *todo hombre debe verse como un líder.* Dios llama a todos sus hombres a ser líderes, y eso lo incluye a usted. Él espera que sea un líder, quienquiera que sea, dondequiera que esté y cualquiera que sea su trabajo o profesión. En su hogar, familia, residencia estudiantil, unidad militar, equipo o lugar de trabajo. Dios quiere usarlo (sí, *a usted*) como una voz potente para Él.

De modo que, para ser útil, debe verse como Dios lo ve: como un líder o, al menos, como uno en desarrollo. Por tanto, acepte el reto, cambie de velocidad y acelere. Él quiere que usted avance hacia los planes magníficos que tiene para usted y hacia las formas poderosas en las que quiere usarlo. Para empezar el proceso, le dio un modelo en Nehemías y promesas en su Palabra. ¡Ya tiene la fortaleza para cumplir el reto en Él!

El equipo de poder de Dios

Una noche, estaba navegando por los canales de televisión en busca de mi canal favorito, *El Canal del Tiempo*, cuando le eché un vistazo a *The Power Team* [El equipo de poder] y regresé para verlo con más detalle. Ya había escuchado antes sobre estos tipos grandes, pero nunca los había visto en acción. Por tanto, tomé unos minutos para entender mejor su ministerio de alcance.

En caso de que no haya oído sobre *The Power Team* [El equipo de poder], está formado por un grupo de exdeportistas, culturistas y militares que recorren el país y hablan de sus testimonios respecto a lo que significa tener fe en Jesucristo. ¡Son increíbles! Realizan diversas hazañas de fuerza, como romper bloques de cemento inmensos con sus manos descubiertas. Son un equipo de hombres cristianos que utilizan su fuerza física para entretener, mientras hablan de su amor por Cristo y de la fortaleza espiritual que Él les da.

Pero no son los únicos tipos que pueden estar en un "equipo de poder". Si usted conoce y ama a Jesús, también se le asegura la provisión de fortaleza de parte de Dios. ¿Dónde puede obtener algo de este poder divino que necesita para ser la clase de hombre del Señor, de líder? A continuación, veremos la respuesta... una promesa de lo que quiere hacer por usted:

Todo lo puedo en Cristo que me fortalece
(FILIPENSES 4:13).

Permítame decir que cuando se apropia de esta promesa sobre la fortaleza de Dios, probablemente no será capaz de romper bloques de cemento inmensos en pedazos. Más bien, acceder al tipo de fortaleza del Señor le capacitará para ser victorioso en todas las áreas de la vida cristiana. Eso es mucho mejor que romper bloques de cemento, ¿no cree?

Entender la promesa

¡Qué promesa! "*Todo* lo puedo en Cristo que me fortalece". Ahora bien, ¿qué es ese "todo"?

1. Fortaleza en cualquier circunstancia

Las palabras triunfantes de esta promesa vienen del apóstol Pablo, y su referencia confiada a "todo" tiene que ver con estar en control de cualquier circunstancia. Por eso, si él poseía poco o mucho, o si sufría poco o mucho, era capaz de manejarlo, fuera lo que fuera. Su actitud de "todo lo puedo" era la misma en cualquier circunstancia y condición (ver Fil. 3:12).

¿Tiene algún asunto, problema, carencia o alguna "cosa" que tratar en su vida? Como líder de pocos o de muchos, de quienes están en su casa o en cualquier otro lugar, ésta debe ser una pregunta retórica. ¡Los hombres de Dios *siempre* se enfrentan a problemas y asuntos difíciles! Por lo tanto, siga leyendo mientras Pablo le dice cómo siguió adelante en "todo".

La promesa. La primera mitad de este "versículo de poder" declara una verdad: "Todo lo puedo". Es el tipo de mensaje que esperaría escuchar de un conferencista motivacional o de un entrenador. Transmite la idea de confianza en uno mismo. Dice: "¡*Usted* puede hacerlo! ¡*Puede* hacer todo lo que quiera si fija su mente en ello!".

Afirmaciones como éstas pueden ser ciertas en algunas áreas de la vida de la persona y, hasta cierto punto, es verdad que se puede lograr mucho con la suficiente determinación y fuerza de voluntad. Sin embargo, cuando piensa en la *fuente* de tal poder, eso no es lo que dice el versículo. Debe seguir leyendo y terminar el mensaje de Pablo: ¡le muestra que usted "todo lo puede *en Cristo*", quien lo fortalece!

La fuente. No puede pasarlo por alto: Cristo es la fuente de fortaleza que se menciona en Filipenses 4:13. No ignore esta importante verdad: *Él* es quien hace que esto suceda, es la razón de que usted lo pueda "todo" en el mundo espiritual. Pensando en Pablo, ¿cómo fue capaz de tener este tipo de perspectiva optimista respecto a todos los problemas de la vida? Fue por Cristo, la fuente de poder del apóstol, y es también la fuente de poder de usted.

¿Qué tan a menudo ha intentado manejar algún aspecto de su vida en su propia fuerza y capacidad? Tenía las habilidades, sabía cómo hacerlo, quizás incluso tuvo los recursos humanos (tiempo y dinero). Sin embargo, intentó hacerlo solo, sin pensar en el Señor ni involucrarlo. Trató de hacerlo por su cuenta. ¿Cómo le fue?

Puedo hacer una suposición bastante buena, ¡porque he estado ahí y lo he hecho! Supongo que probablemente hizo el trabajo a medias... o quizás, incluso fracasó de manera lamentable. El mensaje de Dios es fuerte y claro: deje de confiar en su propia fuerza y capacidad, y empiece a depender de Cristo y su fuerza.

2. Fortaleza para la pureza

Hay muchos temas y problemas que podríamos tratar y que requieren la fortaleza de Cristo para superarlos. Podría enumerar salud física, problemas relacionados con su trabajo, la falta de tiempo juntos como familia o la carencia de dinero. Sin embargo, la pureza sexual parece ser el "más grande" para muchos hombres. Mantener su mente y su cuerpo sexualmente puros es, como indica el título de un libro conocido, *La batalla de cada hombre*.

La pureza es un reto. Es una lucha diaria, y sí, es una batalla diaria. Pero como las Escrituras dicen claramente, la pureza es la voluntad del Señor para usted: "Pues la voluntad de Dios es vuestra santificación; que os apartéis de fornicación; que cada uno de vosotros sepa tener su propia esposa en santidad y honor; no en pasión de concupiscencia" (1 Ts. 4:3-5).

¿Cómo puede usted, como hombre cristiano y líder, permanecer puro? La respuesta es sencilla, pero poderosa: *todo lo puedo en Cristo que me fortalece.*

Si la pureza es una fuente de lucha para usted (y no olvide que el título del libro que mencioné anteriormente incluía la expresión *cada hombre*), recuerde una cosa: apóyese en la fuente de toda fortaleza, en el poder de Jesucristo y pelee su batalla. Apóyese en el poder del Espíritu Santo para tener dominio propio. Usted todo lo *puede*, incluso ganar la batalla contra la tentación sexual, si (y solo si) permite que Cristo le dé su fortaleza sobrenatural para vencer las tentaciones que seguro van a aparecer a lo largo del camino.

3. Fortaleza para la vida cristiana

¡Y así sucede! Independientemente del reto que afronte, o de qué circunstancias o tentaciones surjan (y seguramente surgirán), Dios promete que usted todo lo puede en Cristo y en su fortaleza.

Su poder es suficiente para todas y cada una de las áreas de su vida, punto final. ¿Qué otras luchas enfrenta? Tal vez luche para ser un...

- cristiano que crece
- cónyuge amoroso que ofrece apoyo
- padre o abuelo cariñoso
- administrador fiel de los recursos del Señor
- amigo útil
- estudiante o empleado comprometido
- siervo humilde
- testigo de Jesús

¿Cree que Dios quiere que alguna o todas estas cualidades se cumplan en usted? Ya conoce la respuesta, ¿verdad? ¡Es un absoluto y rotundo *sí*! Dios desea que haga todo lo anterior y más. Por lo tanto, dio a Jesucristo y le promete a usted que su fortaleza le capacitará para cumplir su voluntad.

Poner a trabajar el poder de Dios

Digamos que desea la fortaleza del Señor en su vida, ¿ahora qué? Los siguientes pasos lo ubicarán al comienzo del camino para poner a trabajar el poder del Señor en usted (poder que ya dio).

Permanezca en Cristo

Jesús lo expresó de este modo: "Yo soy la vid, vosotros los pámpanos; el que permanece en mí, y yo en él, éste lleva mucho fruto; porque separados de mí nada podéis hacer" (Jn. 15:5). Así como un pámpano debe permanecer unido a una vid para dar fruto, usted debe permanecer íntimamente relacionado con Cristo para recibir su poder. Si su unión con Él es fuerte, el poder de Dios lo llenará y lo fortalecerá para enfrentar y manejar con éxito los retos que vengan. Mientras permanezca en Cristo, tendrá fortaleza para las pruebas del presente, así como para los retos del mañana. Haga todo lo necesario por mantenerse cerca de la fuente de todo poder: lea su Biblia a diario y ore fielmente. ¡Manténgase conectado! Permanezca en Cristo.

Ejercite su fe

¿Cómo aumenta su fuerza física? Al ejercitar su cuerpo. Este principio también es cierto en el mundo espiritual. Crece en fortaleza espiritual al ejercitar su fe a diario cuando...

* confía en Dios respecto a las necesidades de su vida
* ora y busca las respuestas del Señor
* depende de la fortaleza de Dios en medio de sus debilidades
* cree las promesas del Señor en cada prueba
* vive como testigo consecuente con sus creencias
* defiende su fe

Desarrolle una actitud positiva

Ya lo ha oído antes: "¡La actitud lo es todo!". Tener la actitud correcta es fundamental para ser un líder eficaz. A todo el mundo le gusta estar cerca de una persona que es útil y busca soluciones. Una actitud positiva también busca lo bueno en todo, no lo malo. ¿Por qué *no debería* tener una actitud positiva? Es un soldado en el ejército del Rey de reyes, "todo lo puede en Cristo". ¿Cómo es posible? Porque Él es quien lo fortalece (Fil. 4:13).

Ríndales cuentas a otros

Si su compromiso con Jesucristo (la Fuente de poder) comienza a titilar y a disminuir, será incapaz de manejar los retos y las tentaciones que llegan a su camino y que exigen lo mejor de usted. Y, ¡sí que llegarán! ¿Cuál es una solución? Unirse con otros hombres piadosos, que pueden ayudarle a proteger su devoción a Cristo y detener cualquier oportunidad de alejarse de Él. Rodéese de cristianos piadosos y encuentre mentores espirituales que lo examinen, especialmente en las áreas en las que batalla.

NEHEMÍAS HABLA SOBRE LIDERAZGO

Nehemías no tenía el poder de la morada interior del Espíritu Santo, que usted tiene como seguidor de Jesucristo de la era del Nuevo Testamento y de la Iglesia. Sin embargo, sí creía en el Dios poderoso de Israel. Como estudiante de la ley y de los profetas del Antiguo Testamento, conocía la historia de la fidelidad de Dios para cumplir sus promesas. La fortaleza de liderazgo de Nehemías se basó en creer el mismo tipo de promesas que Dios le dio a Josué, líder y general anterior del ejército de Dios. Le dijo:

> Mira que te mando que te esfuerces y seas valiente; no temas ni desmayes, porque Jehová tu Dios estará contigo en dondequiera que vayas (Jos. 1:9).

Realmente, ¡Nehemías era un hombre asombroso! Pero solo era un hombre, como usted. ¿Qué le hizo especial? ¿Qué le hizo un líder conforme al corazón de Dios? Forjó una fe de hierro en Él, fue consecuentemente positivo y se centró en lo que se necesitaba hacer. Retó al pueblo de Israel: "Edifiquemos el muro de Jerusalén" (Neh. 2:17) y confió en Dios y lo buscó para obtener su fortaleza prometida:

> Pero los que esperan a Jehová tendrán nuevas fuerzas; levantarán alas como las águilas; correrán, y no se cansarán; caminarán, y no se fatigarán (Is. 40:31).

Amigo, usted puede estar en el equipo de poder del Señor, ¡en su equipo de líderes poderosos! Puede confiar en su promesa de que "todo lo puede en Cristo que le fortalece". Depende de usted ejercitar su fe en Cristo y actuar según esta verdad poderosa.

Segunda parte

Características del liderazgo espiritual fuerte

2

EL MANEJO DE LA CRISIS...
DESATA SU LIDERAZGO

Vino Hanani, uno de mis hermanos, con algunos varones de Judá, y les pregunté por los judíos que habían escapado, que habían quedado de la cautividad, y por Jerusalén.

(NEHEMÍAS 1:2)

¿Quién sabía? Era el amanecer de un agradable día de invierno en algún período durante noviembre o diciembre del año 446 a.C. cuando Nehemías se despertó esa mañana. No estaba preparado para lo que enfrentaría a lo largo del día. Como siempre, emprendió el camino desde su apartamento por el laberinto de pasillos y escaleras que conducían hasta las cámaras del rey, en su magnífica residencia de invierno en Susa. Estaba a punto de comenzar sus tareas diarias como copero de Artajerjes, el temido y poderoso rey de Persia.

Mientras cumplía con sus responsabilidades de forma tranquila y eficiente, llegó un sirviente, se inclinó y le entregó un mensaje. Era una nota que le informaba que su hermano Hanani acababa de llegar de Jerusalén. Nehemías se giró y miró al rey, pero tuvo cuidado de ocultar su emoción.

Cuando hubo una pausa en su rutina, le pidió permiso al rey para que lo excusara durante unos minutos a fin de ocuparse de un asunto personal. Afortunadamente, Artajerjes no sintió que sucediera algo fuera de lo normal ni notó algún cambio en su comportamiento, así que se despidió de su copero de confianza fuera del salón.

Fuera de la vista, Nehemías aceleró la marcha. Se apresuró por los pasillos y las escaleras, intentando recordar con esfuerzo que debía retener la dignidad que le exigía su oficio. Su mente también corría. Ni siquiera tuvo necesidad de preguntarse *cuánto tiempo había pasado*. No, sabía *exactamente* cuánto tiempo: 13 años, 156 meses, 624 semanas. Todo ese tiempo había pasado desde que vio a su querido hermano y oyó de él por última vez. Parecía una eternidad. Las noticias habían llegado solo como rumores... durante 13 largos años.

Estaba lleno de ilusión entusiasta mientras se apresuraba para reunirse con su hermano que no había visto en tanto tiempo. Su corazón anhelaba mirar y abrazar a su compañero de niñez, y estaba ansioso de oír un informe sobre el bienestar del pueblo de Dios y el estado de la ciudad de Jerusalén. Ansiaba tener pruebas de la forma en que el Señor había respondido a sus 13 años de oraciones y súplicas para que restaurara a su pueblo y le devolviera su legítima gloria a la ciudad. Disfrutaría de un relato de primera mano de los propios labios de Hanani, sin mencionar la oportunidad de ponerse al día con todo lo que estaba sucediendo en su vida, y también disfrutar de su camaradería.

A medida que aceleraba el paso, seguía calculando el resultado que, con seguridad, le daría su hermano: *Con las 50.000 personas que regresaron con Zorobabel hace unos 90 años y después del regreso de Esdras con más de 7.000 personas hace 13 años, la región debe haberse recuperado bien de su devastación por parte de los babilonios hace más de 160 años. ¡Debemos celebrar! Debemos agradecerle a Dios.*

Pero no. Cuando divisó a su hermano, Nehemías quedó desolado por lo envejecido y derrotado que se veía. Lo que Hanani había experimentado, lo había hecho envejecer más de la cuenta. Nehemías pensó: *¡Oh, no! ¿Es posible que las condiciones en Jerusalén sean tan graves que hayan hecho tales estragos en mi hermano?* Mientras seguía acortando la distancia entre Hanani y él, su curiosidad se convirtió en ansiedad cuando notó la mirada profundamente afligida en su rostro.

"¡Hanani, hermano mío! Shalom para ti", le dijo mientras le daba el saludo tradicional oriental, un beso. Antes de que Hanani pudiera responderle con su propio saludo, Nehemías siguió con sus preguntas de preocupación... no estando del todo seguro de querer escuchar las respuestas.

Aunque no hay registro que confirme si esa fue la escena que se desarrolló entre los dos hermanos, es bastante posible que su encuentro hubiera sido parecido. Sin importar cómo fue, la llegada de Hanani y de sus hombres indicó la llegada de una crisis.

La llegada de una crisis

Una crisis es un acontecimiento, suceso o situación que con frecuencia se convierte en un hecho muy grave o en un momento decisivo en la vida de una persona. Puede ser física, mental, emocional o espiritual. El problema no es el "suceso" en sí (la vida está formada por muchos sucesos), sino cómo usted como persona, y especialmente como líder, maneja la crisis *cuando* llega. El problema no es *si* llega. La pregunta verdadera es: ¿cómo maneja los sucesos en su vida?

Algunas personas manejan una crisis huyendo de ella, evitándola, ignorándola, desviándola, cediendo o siendo destruidas por ella.

Después, están quienes responden positivamente ante una crisis. La aceptan, la enfrentan, la usan, aprenden de ésta y luego, crecen. El difunto presidente John F. Kennedy hizo esta observación: "En chino, la palabra *crisis* está compuesta por dos caracteres: uno representa peligro y el otro, oportunidad".[1] Esto plantea una pregunta que llega hasta el corazón del manejo de la crisis: ¿Considera usted una crisis como un peligro o como una oportunidad?

A medida que seguimos caminando con Nehemías, veremos que él está a punto de enfrentar una crisis. Está al servicio de un gobernante poderoso sobre un imperio pagano. Tiene un buen trabajo. No, ¡tiene el mejor de los trabajos! El rey confía en él y vive en sus palacios. ¿Por qué alguien querría arriesgar el trabajo soñado de toda una vida? No era soldado ni sacerdote, solo era un particular. Fácilmente, podía divorciarse de cualquier participación en los problemas de Jerusalén, pero no lo hizo. Le importaban el pueblo y sus luchas. Entonces, ¿qué debía hacer? ¿Qué *haría*?

El papel de Nehemías en el manejo de crisis

La vida no es fácil para nadie. En más de una ocasión, he oído este dicho entre los comandos especiales de la marina de Estados Unidos: "El único día fácil fue ayer". Quiere decir que hoy va a ser difícil, así que es mejor encararlo de frente. Superar cada día se reduce a superar la crisis actual. *Manejarla* es mejor que solo *superarla*. Esa es la marca del verdadero liderazgo: un líder tiene la capacidad de manejar una crisis correctamente.

Ya definimos la crisis como un "suceso". En palabras sencillas, es un acontecimiento, hecho o situación que produce un momento decisivo en la vida de alguien. Y normalmente, es algo desafiante, incluso indeseable. Es en el momento mismo en que una crisis le golpea cuando debe decidir cómo debe manejar su conjunto especial de circunstancias. ¿Lo ignora? O, ¿lo trata?

¿Cómo fue que Nehemías estuvo a la altura de las circunstancias y asumió el papel de administrador durante una crisis? ¿Consideró la crisis como un peligro o como una oportunidad?

Su primera respuesta fue preocuparse por el pueblo: "Y les pregunté por los judíos que habían escapado, que habían quedado de la cautividad" (1:2). Es decir, preguntó cómo iban las cosas. Su hermano Hanani y otros respondieron: "El remanente, los que quedaron de la cautividad, allí en la provincia, están en gran mal y afrenta" (v. 3).

Luego le explicaron una de las razones por las que el pueblo estaba en unas condiciones tan deplorables: "Y el muro de Jerusalén derribado, y sus puertas quemadas a fuego" (v. 3).

Paremos un momento para completar los detalles históricos de lo sucedido: los babilonios destruyeron Jerusalén y sus muros en el año 585 a.C. A pesar de intentos repetidos por reconstruir la ciudad, aún estaba en ruinas más de 160 años después. Sin un muro que lo protegiera, el pueblo de Dios estaba indefenso. Podían llegar bandidos, atacarlos sin advertencia, y llevarse su comida y provisiones (e incluso, a algunas personas como esclavas).

Como los muros de Jerusalén estaban en ruinas, al pueblo judío lo conocían como "el pueblo de la ciudad sin muros". Perdieron prestigio ante los ojos de otras naciones. Los consideraban un grupo pequeño y patético, e incluso la humillación que sentían era peor, porque eran incapaces de protegerse a sí mismos.

¿Cómo respondió Nehemías, un líder conforme al corazón de Dios, ante tales noticias tan desgarradoras? *Mostró una profunda preocupación por el pueblo.* Normalmente, el Líder Fuerte por Naturaleza (LFN) lo entiende del modo contrario. Está más preocupado por las *cosas* que están bajo su control. Preguntará: "¿Se dañó algún equipo?", o "¿Cómo afectará nuestra reputación en el mercado?" y, finalmente, "¿Cómo afectará nuestro resultado final?".

En segundo lugar, pregunta: "¿Alguien resultó herido?", o "¿Cómo afectará esta fusión o cierre a las vidas de los empleados?".

Los autores del libro titulado *En busca de la excelencia* afirman que las empresas excelentes están orientadas a las personas. Las tratan como adultos, como colaboradores, como recursos importantes".[2]

El renombrado historiador británico sir Arthur Bryan también afirma esta actitud en los líderes exitosos. Dice: "Nadie es adecuado para liderar a sus compañeros a menos que tenga el cuidado y bienestar de ellos como su principal responsabilidad, su tarea… su privilegio".[3]

Un momento de reflexión: Probablemente, usted no se estará preparando para reconstruir un muro y salvar a una nación. Sin embargo, tiene su propia colección de crisis que requiere de gran parte de su atención.

¿Cómo está su hogar hoy? ¿Su vida familiar? Si es esposo y padre, tiene muchas oportunidades de liderar mientras maneja la multitud de sucesos que ocurren en su familia. Las personas que están bajo su techo deberían ser su primera prioridad y preocupación. A continuación, veremos un diagnóstico personal: ¿Estoy cuidando mi unidad familiar como debería? ¿Cómo puedo estar más involucrado y visible al mostrar mi preocupación por mi familia y por los problemas que mi esposa y mis hijos tratan a diario?

¿Y las personas que trabajan con usted? ¿Se preocupa en alguna medida por sus compañeros de trabajo? ¿Es usted un jugador de equipo? O, ¿solo piensa en usted mismo y en lo que es mejor, o más fácil, para usted? Después de su familia, el bienestar de sus compañeros de trabajo debería estar cerca del primer lugar de su lista de preocupaciones. Necesita asegurarse de que está haciendo su trabajo para que ellos puedan hacer el que les corresponde; necesita entender que es solo cuando estas personas están libres de ansiedad personal que pueden funcionar mejor en el hogar y en el trabajo. Usted no debe ser quien los libere de esas ansiedades, pero *puede* ser quien les señale una dirección o un camino mejor. Cuando se preocupa por las personas que le rodean, practica un liderazgo fuerte.

Responder ante una crisis

Una disposición para manejar una crisis al máximo de su capacidad es una marca de liderazgo verdadero. Una persona no puede hacer nada, eso es fácil. Sin embargo, un líder siempre dará un paso y hará algo para manejar la crisis. Aunque no siempre pueda manejar una situación correctamente al 100%, al menos hará un intento por encontrar la mejor solución posible.

¿Qué pasos puede dar para disfrutar del éxito al tratar su crisis actual y las crisis que seguramente llegarán, sea que impliquen construir (o reconstruir) un muro alrededor de Jerusalén o manejar un problema en el trabajo o en el hogar? ¡Siga leyendo!

Paso #1: *Preguntar.* Si no conoce los hechos, puede manejar mal una crisis; al preguntar y reunir respuestas, comprenderá mejor el alcance de la crisis y lo que se necesita resolver. Eso hizo Nehemías: primero preguntó por las personas. Un líder conforme al corazón de Dios está siempre interesado en los corazones y en el bienestar de su pueblo. Después, preguntó por los muros. Al tener respuestas, tuvo la información que necesitaba para comenzar a manejar la crisis.

Paso #2: *Escuchar.* Nehemías comenzó sus esfuerzos por recopilar información con un oído atento para escuchar, pues quería un informe de primera mano sobre todos los hechos. En cambio, muchas personas comienzan el proceso de liderazgo con su boca. En realidad, muchos líderes no están muy interesados en escuchar sobre otros. ¡Están demasiado ocupados dando órdenes de marcha, incluso antes de decidir hacia dónde ir! En su libro *Los líderes. Sus 10 errores más comunes*, Hans Finzel destaca que una de las señales de un "burócrata", en vez de alguien que trabaja con personas, es que "escucha muy poco, si es que escucha".[4] Por supuesto, quien trabaja con personas hace un esfuerzo por escuchar.

Paso #3: *Buscar ayuda*. Ninguna crisis es totalmente única. Ciertos aspectos de cualquier crisis ya han sucedido antes. Como lo expresó el rey Salomón: "¿Qué es lo que fue? Lo mismo que será. ¿Qué es lo que ha sido hecho? Lo mismo que se hará; y nada hay nuevo debajo del sol" (Ec. 1:9). Sin embargo, también es cierto que cada crisis llega con nuevos vaivenes. Para estos nuevos retos, un líder busca ayuda. De nuevo, como dijo el rey Salomón, el hombre más sabio de todas las épocas:

> Donde no hay dirección sabia, caerá el pueblo; mas en la multitud de consejeros hay seguridad (Pr. 11:14).

> Los pensamientos son frustrados donde no hay consejo; mas en la multitud de consejeros se afirman (Pr. 15:22).

Un buen líder buscará la sabiduría de otros. Después de todo, ¡ningún hombre es una isla! Por tanto, un líder inteligente se rodea de un grupo de consejeros sabios. Sabe que un líder solo es tan sabio y capaz como sus consejeros. Un líder cristiano tiene tres fuentes de consejo: la sabiduría de Dios revelada en su Palabra (la Biblia), la sabiduría de buenos consejeros y la sabiduría del Espíritu Santo mientras busca guía mediante la oración.

La Biblia no revela si Nehemías consultó las Escrituras, probablemente lo hiciera; tampoco dice que buscó la sabiduría de otros, quizás también lo hiciera. Pero sí sabemos que tomó el tercer camino hacia la sabiduría: buscó resolución de la crisis mediante la oración. Aunque no veremos su vida de oración hasta el capítulo siguiente, podemos saber que no iba a proceder hasta consultarlo con Dios mediante la oración.

Paso #4: *Determinar una estrategia.* Basándose en el consejo que recibe, el líder toma una decisión y escoge un modo adecuado de manejar la crisis. En los próximos capítulos, veremos que Nehemías decidió que sería parte de la estrategia. Le pidió dirección al Señor... ¡y Él *lo* escogió para que fuera parte de la solución a fin de impedir la crisis!

Paso #5: *Implementar y monitorear el avance.* Veremos un anticipo furtivo: pronto verá la respuesta de Nehemías ante la crisis. Lo verá escoger ir a Jerusalén, volverse parte de la implementación de un plan, y del monitoreo de su progreso y finalización. Lo verá optar por darle un giro a la crisis, ¡que llevaba por lo menos 90 años!

Mientras lee la historia en curso sobre su liderazgo asombroso y su decisión de ir personalmente para ayudar en la reconstrucción de la ciudad de Jerusalén, verá surgir una crisis tras otra que retará la fortaleza de este líder conforme al corazón de Dios, quien anhelaba ver los muros fortificados firmes alrededor de la ciudad del Señor. Con cada crisis, lo verá pasar por el proceso de determinar cómo proceder mejor y tomar decisiones sabias, a medida que maneja cada crisis y cada bola con efecto exitosamente. Comenzará a entender por qué la vida de este hombre es un estudio tan excelente sobre el arte del liderazgo.

Una comparación de dos respuestas distintas

Un éxito actual respecto al manejo de la crisis

Ahora avancemos 2500 años. Es otoño, 1982. Un asesino decide a sangre fría añadir 65 miligramos de cianuro a algunas botellas de cápsulas de Tylenol [paracetamol] que están en los estantes de las tiendas. Este acto mató a siete personas, inclusive a tres de la misma familia. *Esto* es una crisis; ¡una crisis asesina!

¿Qué hicieron los fabricantes de Tylenol? Los directivos de Johnson & Johnson retiraron y destruyeron 31 millones de cápsulas (a la compañía le costó 100 millones de dólares). El director general decidió aparecer en anuncios televisivos y en conferencias de prensa para informarles a los consumidores de las acciones de Johnson & Johnson: rápidamente, introdujeron envases resistentes a la alteración y en seguida, las ventas de Tylenol recobraron niveles cercanos a los que tenían antes de la crisis.

Un desastre actual respecto al manejo de la crisis

Siete años después de la crisis de Tylenol, un buque petrolero de la Exxon Corporation encalló en Prince William Sound (Alaska) el 24 de marzo de 1989. El Exxon Valdez vertió millones de galones de crudo a las aguas de Valdez, mató miles de peces, aves y nutrias marinas. Se contaminaron cientos de miles de kilómetros de costa y se interrumpió la temporada de desove del salmón. Numerosos pescadores, especialmente nativos americanos, perdieron su sustento.

Exxon, a diferencia de Johnson & Johnson, no reaccionó rápidamente en términos de manejo de los medios de comunicación y del público. De hecho, no nombró a un jefe de relaciones públicas en su equipo de gerencia hasta 1993, cuatro años después del incidente. En ese momento, estableció su centro de comunicaciones en Valdez, un lugar demasiado pequeño y remoto para manejar el ataque de la atención de los medios. Allí y en ese momento, Exxon actuó a la defensiva como respuesta al público, incluso en ocasiones culpó a otros grupos como la Guardia Costera estadounidense. Mientras escribo este libro, la crisis aún sigue, después de más de 20 años.

NEHEMÍAS HABLA SOBRE LIDERAZGO

Mientras evalúa su vida personal y profesional, y lea y vea las noticias a diario, sabrá muy bien que ningún área de la vida es inmune ante las crisis. Sea la crisis familiar en la que llega corriendo a la sala de emergencias cuando el pequeño Juan se cae de un árbol y se rompe una pierna; o la crisis de negocios que enfrenta cuando hay una caída significativa de los ingresos de las ventas; o la crisis personal cuando pierde su empleo o su salud. Las crisis son un hecho de la vida. Pare un momento y piense en la semana pasada: ¿cuántos problemas diferentes encontró? Muchos, ¿verdad? Nunca debería sorprenderse por la cantidad de sucesos perturbadores que debe tratar. El hecho de que sus crisis sean una parte real y continua de la vida diaria hace que sea aún más importante actuar bien ante el manejo de la crisis.

Por eso, hay un gran beneficio al ver cómo Nehemías manejó las múltiples crisis que salieron a su encuentro. Ya podemos aprender de su ejemplo sobre la manera en que respondió al enterarse de la situación desesperada en Jerusalén y del pueblo de Dios. Debemos responder con esperanza y oración, con la sabiduría y la fortaleza del Señor. En concreto, las acciones de Nehemías nos enseñan lo siguiente:

No ignorar una crisis. Una crisis, por su propia naturaleza, requiere atención, por eso se llama así. Nehemías encaró su crisis de frente.

No desviar una crisis. El líder maneja la crisis. Como Nehemías, puede necesitar ayuda en algún momento y pedirla. Sin embargo, primero evalúa la crisis y determina qué parte puede y debe desempeñar en cuanto a su manejo.

No culpar a otros. El asunto no es *quién* causó el problema, sino *qué* puede hacerse para darle un giro a la crisis. Cuando la maneje, la causa puede determinarse y corregirse.

No reaccionar exageradamente. Es probable que una crisis médica deba manejarse rápidamente. Pero aparte de eso, como regla general, no tome decisiones apresuradas como respuesta ante una crisis. Muchos problemas no se consideran como crisis de la noche a la mañana. Por eso, tómese el tiempo que necesite para asegurarse de responder sabiamente.

No responder determinando el alcance de la crisis. Recopila los hechos y escuche sin juzgar hasta que tenga la información suficiente para comenzar a formular una solución.

Buscar el consejo de otros. Hay mucha sabiduría en el consejo. Como Nehemías, asegúrese de buscar la sabiduría de otros y la dirección de Dios mediante la oración.

Nehemías era un hombre influyente antes de ser consciente de la crisis en Jerusalén. Ya era un hombre conforme al corazón de Dios. Sin embargo, con la crisis en Jerusalén le llegó la oportunidad de trabajar a un nivel de liderazgo mayor y más significativo. Nehemías no lo sabía, pero el Señor estaba a punto de usarlo para reconstruir los muros alrededor de la ciudad. Y cuando estuvieron en su lugar, su liderazgo notable hizo posible que restablecieran la adoración y la purificación del pueblo de Dios. Todo esto sucedió porque un hombre fue lo suficientemente fuerte para responder de manera adecuada ante una crisis.

¿Qué crisis enfrenta hoy? ¿Esta semana? ¿Cómo quiere el Señor que usted responda y la maneje? Acepte el reto. Permita que Él saque el líder oculto que hay en usted mediante su situación exigente y aprenda a confiar en Él para obtener fortaleza y sabiduría. Ponga en práctica el comentario de J. Oswald Sanders:

No sería exageración afirmar que nunca en la historia humana, los líderes han sido confrontados con tal concentración de crisis no resueltas y situaciones imposibles como hoy. Por tanto, si van a sobrevivir, deben ser capaces de progresar en medio de las dificultades y considerarlas como rutina.[5]

3

LA ORACIÓN... FORTALECE
SU LIDERAZGO

Te ruego, oh Jehová, esté ahora atento tu oído a la oración de tu
siervo, y a la oración de tus siervos, quienes desean reverenciar
tu nombre; concede ahora buen éxito a tu siervo, y dale gracia
delante de aquel varón. Porque yo servía de copero al rey.

(Nehemías 1:11)

La oración nunca fue un último recurso. Oh no, ¡no para Nehemías! Cuando se trataba de la oración, su lema era: "Otros pueden, yo no". Pensaba a diario: *Otros pueden saltarse la oración aquí y allá, hablar con Dios de vez en cuando, o no orar... ¡pero yo no puedo!* Como muchos otros devotos judíos de su época y siguiendo los pasos de Daniel, el gran hombre de estado que le precedió, Nehemías pasaba tiempo cada día mirando hacia el occidente, en dirección a Jerusalén, y orando.

Siempre había sentido un profundo respeto y un sentido de importancia de la ciudad de Sión. Había orado todos esos años por la seguridad de las almas valientes que habían hecho el viaje de 1600 km de regreso a Jerusalén. Pero este día en particular, cuando fue a sus habitaciones y una vez más abrió sus ventanas hacia Jerusalén, las cosas eran diferentes, ¡drásticamente diferentes! Este día, había oído noticias preocupantes. Su corazón estaba roto, su mente estaba perpleja. Parecía que los asuntos de Dios, su nombre y su gloria habían avanzado muy poco, incluso después de más de 140 años de esfuerzo. ¡Increíble! De hecho, por los informes del día, parecía que había sucedido precisamente lo contrario: ¡el nombre del Señor y su pueblo eran un reproche! —*¿Qué puedo hacer?* —clamaba su corazón. Solo había una cosa que podía hacer. Lo que siempre había hecho: podía orar. Cuando se puso de rodillas, abrió su corazón y su boca para recurrir al carácter de Dios y a su pacto. Rogó que el único Señor verdadero interviniera y le cumpliera su promesa a su pueblo escogido. Desde el fondo de su alma, surgió el ruego apasionado:

> Te ruego, oh Jehová, Dios de los cielos, fuerte, grande y temible, que guarda el pacto y la misericordia a los que le aman y guardan sus mandamientos; esté ahora atento tu oído y abiertos tus ojos para oír la oración de tu siervo, que hago ahora delante de ti día y noche (Neh. 1:5-6).

Cualidades que debe tener el líder

Si siente que acaba de pisar tierra santa, lo ha hecho. Mediante la Palabra de Dios inspirada y escrita, acabamos de entrar en oración junto con Nehemías. Él es un líder, un líder con un problema. Como un líder conforme al corazón de Dios, sabe cómo apoyarse en la fortaleza de Dios respecto a todo lo necesario para vivir y liderar para los propósitos de Dios. Sabe cómo mirarlo primero y, después, liderar a otros. También sabe que una vida de oración y una dependencia de ésta es una cualidad que un líder debe tener; que como líder de otros, primero y sobre todo, debe ser un guerrero de oración.

Hace poco, encontré en la Internet una lista informativa de cualidades para un liderazgo exitoso. ¿Su título? *Doce características de un gran líder.* Ya que está leyendo este libro (uno sobre liderazgo), probablemente haya visto otras publicaciones con listas parecidas. Si compra en un supermercado que tiene libros y revistas, allí están; si va por un aeropuerto, también las verá allí; si mira en una librería o si busca en la Internet recursos e información sobre liderazgo, tales listas están ahí. Por tanto, pienso que cuando lea la lista de ese artículo, estará de acuerdo en que el autor reunió muchas características necesarias para ser un buen líder. Todas son importantes y esenciales:

1. Siempre están mejorando. Entienden que las cosas cambian a su alrededor. ¡Entienden igualmente que, para ser líderes, deben cambiar también!

2. Inspiran a las personas que les rodean a ser mejores. Estas quieren dar su mejor esfuerzo debido al liderazgo de ellos.

3. Saben cómo concentrarse en las fortalezas de las personas, no en sus debilidades. Todo el mundo tiene algo en lo que sobresale, y un buen líder sabe cómo sacarlo en una persona.

4. Son proactivos, no reactivos. Reconocen la importancia de liderar a las personas y no esperar a que alguien más comience.

5. Tratan a las personas con respeto e importancia. Saben que para lograr que alguien haga algo, necesita querer hacerlo.

6. Se motivan a sí mismos. Saben que habrá altibajos en la vida y en sus asuntos. Sin embargo, se mantienen positivos, no permiten que influencias externas afecten sus actitudes.

7. Trabajan en la comunicación. Aprenden cómo decir lo correcto en el momento adecuado.

8. Están preparados. No le dejan las cosas al azar, más bien controlan situaciones mediante la preparación.

9. No tienen grandes egos. Se interesan por otros, en vez de estar centrados en ellos mismos.

10. Son mentores. Ven la importancia de asesorar a otros y transmitir el conocimiento que han obtenido.

11. Tienen metas escritas y se esfuerzan por lograrlas. Entienden la necesidad del establecimiento de metas y del ejemplo que dan.

12. Son muy trabajadores. Nunca esperan más de las personas de lo que están dispuestos a dar. Este tipo de actitud es contagiosa y motiva a otros a realizar grandes esfuerzos.[6]

La evaluación final del autor también es cierta: "Si se esfuerza mucho por hacer estas 12 cosas, también puede llegar a ser un gran líder".[7]

¡Vaya, qué lista de oro! Establecer metas y avanzar en estas 12 áreas nos incitarán a convertirnos en mejores líderes. Pero desde una perspectiva bíblica, ¿notó que hay un elemento clave que falta en la lista, quizás *el* elemento clave? En una palabra: *oración*. Si ha leído otros libros y artículos sobre liderazgo, probablemente haya observado que muchos no mencionan la oración como algo importante en la vida y en la eficacia de un líder. Para el LFN (Líder Fuerte por Naturaleza), la demostración de fe religiosa y la necesidad de orar (incluso la idea de la oración) es una señal de debilidad. Incluso, algunos podrían decir que la oración no tiene lugar al liderar, que es un apoyo innecesario.

Pero, ¿por qué no alcanzar el nivel más alto posible de liderazgo? ¿Por qué no ser el mejor líder que pueda? ¿Por qué no hacer todo lo posible para inspirar a otros? Con Dios participando en su liderazgo mediante la oración, sin duda, ¡estará en la autopista hacia el liderazgo!

La oración en la vida de un líder

Desde luego, esperaríamos que un libro que habla sobre llegar a ser un líder conforme al corazón de Dios planteara la oración en los primeros capítulos. Después de todo, es un elemento esencial del liderazgo fuerte. ¿Por qué? Porque ayuda a hacer de cada hombre un mejor hombre, un hombre capacitado, un líder sintonizado con Dios conforme al corazón de Dios. A continuación, veremos algunas razones por las que la oración es tan fundamental:

• Demuestra su dependencia de Dios.
• Elimina el orgullo y la autosuficiencia.

- Requiere que mire más allá de usted, de sus propias capacidades o defectos.
- Le hace esperar, disminuir la marcha: no puede orar y avanzar al mismo tiempo.
- Agudiza su visión. Muchas decisiones están rodeadas de la neblina de la incertidumbre y la oración ayuda a disipar la niebla.
- Aquieta su corazón: no puede orar y preocuparse al mismo tiempo. "No le temblarán las rodillas cuando está arrodillado sobre ellas".[8]
- Anima la fe. Tomar tiempo para orar demuestra que está dispuesto a confiar en el Señor. Lo alienta a confiar más en Él y a tener un compromiso más profundo con su obra.

El poder de la oración de un líder

No puede avanzar mucho en la lectura de la Biblia sin encontrarse con algunos de los mayores líderes del mundo a lo largo del tiempo. Los vemos involucrando a Dios de forma activa en sus vidas personales y en las decisiones que toman. Como Nehemías, sabían que solo la intervención del Señor podía evitar el desastre. Un ejemplo excelente de esta "mentalidad de confianza" se encuentra en el rey Ezequías (ver 2 R. 18:9—19:37).

En su decimocuarto año como rey, el inmenso ejército asirio invadió el diminuto reino de Judá y rodeó Jerusalén. El rey asirio Senaquerib le envió un mensaje a Ezequías, donde se burlaba de la idea de cualquier resistencia ante su poderoso ejército. Afirmó que ni siquiera el Dios de los judíos podía proteger al pueblo.

¿Qué hizo Ezequías, un líder conforme al corazón de Dios? Tomó el mensaje del rey asirio y lo puso ante el altar en el templo en Jerusalén y le suplicó a Dios...

> Inclina, oh Jehová, tu oído, y oye; abre, oh Jehová, tus ojos, y mira; y oye las palabras de Senaquerib, que ha enviado a blasfemar al Dios viviente. Es verdad, oh Jehová, que los reyes de Asiria han destruido las naciones y sus tierras; y que echaron al fuego a sus

dioses... oh Jehová Dios nuestro, sálvanos, te ruego, de su mano, para que sepan todos los reinos de la tierra que sólo tú, Jehová, eres Dios (2 R. 19:16-19).

¿El resultado? El Señor respondió a su oración. Ciento ochenta y cinco mil soldados asirios murieron mientras dormían (v. 35). ¡El rey de Asiria se retiró en vergüenza y derrota! Líderes bíblicos como Ezequías le deben su grandeza a su disposición para orar. Lea lo que dijo E. M. Bounds sobre los líderes fuertes y sus vidas de oración:

> No fueron líderes debido a la brillantez de pensamiento, a recursos inagotables, a su cultura magnífica ni a sus dones innatos, sino porque pudieron disponer del poder de Dios mediante el poder de la oración.[9]

Líderes famosos que oraron

Cuando se trata de los líderes en la Biblia, se esperaría que fueran hombres de oración, ¿no? Sin embargo, muchos líderes famosos que no se encuentran en las Escrituras también fueron hombres de oración. Disfruto leyendo las biografías de grandes líderes estadounidenses, y hay dos en particular que nos recuerdan que debemos ser más fieles en la oración.

Uno es el presidente Abraham Lincoln. Durante los momentos más oscuros de la guerra entre los estados, a menudo reconoció su dependencia de la oración. En un caso, escribió: "Muchas veces, fui impulsado a ponerme de rodillas debido a la abrumadora convicción de que no tenía otro lugar donde ir. Mi propia sabiduría y la de quienes me rodeaban, parecía insuficiente para el momento".[10]

El otro es Robert E. Lee. Al dejar la política de lado, el general a cargo del ejército confederado durante la Guerra Civil estadounidense no vacilaba en mostrar su fe. Una historia habla de un incidente que ocurrió en diciembre de 1863. El general Meade del ejército de la Unión llegó a un lugar llamado Mine Run (Virginia) y el ejército de Virginia del general Lee marchó a su encuentro. El general Lee cabalgaba junto con su línea de batalla en los bosques cuando se encontró con un grupo de soldados que realizaban una reunión de oración en la víspera de la batalla. Lee se detuvo, se apeó, se quitó el sombrero y permaneció de pie con una actitud de profundo respeto y atención mientras ofrecían una oración ferviente. Cuando terminó la reunión de oración, dio gracias a cada hombre, volvió a montarse en su caballo y siguió su camino. Todo esto sucedió en medio del estruendo y de la explosión de la artillería del enemigo como preparación para la batalla de la mañana.

Nehemías estuvo mucho antes del presidente Abraham Lincoln y del general Robert E. Lee. Quién sabe, quizás esos dos líderes estadounidenses del siglo XIX aprendieron una o dos lecciones sobre la oración de Nehemías. Dirijamos de nuevo nuestra atención hacia él mientras avanzamos en nuestra búsqueda para convertirnos en líderes conforme al corazón de Dios.

Un retrato de una vida de oración

Nehemías acababa de recibir noticias trágicas: no habían reconstruido la querida ciudad de los judíos, Jerusalén. Después de esos años, 90 años!, sus muros estaban aún en ruinas y no eran lo único que permanecía así. El pueblo estaba sufriendo, era oprimido y humillado. El informe que escuchó era tan inquietante que "[se sentó y lloró e hizo] duelo por algunos días" (1:4).

Normalmente, ¿cómo reacciona cuando recibe noticias trágicas y devastadoras, cuando tiene que afrontar una crisis grave como hizo Nehemías?

Solo es natural reaccionar del modo en que él lo hizo. Cuando un ser querido muere y su corazón está roto, incluso el hombre más duro normalmente responderá como Nehemías. Él estuvo emocionalmente consternado cuando recibió las noticias angustiantes sobre Jerusalén y el estado del pueblo que había regresado del exilio. (¿Quién dice que un líder no puede o no debería mostrar alguna emoción? ¿Qué no puede mostrar su corazón y sus sentimientos?).

Sin embargo, ¿permite que su angustia le paralice, o da el

siguiente paso como hizo Nehemías? "Ayuné y oré delante del Dios de los cielos" (v. 4). ¿Hace lo que él hizo y comienza a orar ante el Señor? ¿Acude inmediatamente a Él en busca de consuelo para buscar su voluntad, obtener un mejor entendimiento de lo que está permitiendo que suceda en su vida y buscar dirección divina con el fin de tomar las decisiones que hay que tomar? Nehemías era un hombre de gran influencia en el imperio persa y ante el rey. Fácilmente, pudo haber tomado el asunto en sus manos. Pudo haberse puesto en piloto automático y manejar esta situación del modo en que había visto hacer a su rey y jefe una y otra vez. Pero en esta ocasión y a lo largo de su historia en la Biblia, vemos un mecanismo de manejo distinto, uno *superior*. ¡Lo vemos orando o participando en algún aspecto de la oración al menos 14 veces![11]

No sabemos qué aspecto tenía Nehemías; pero sí sabemos que si hubieran pintado un retrato de él y lo hubieran preservado a lo largo de los siglos, no sería extraño que lo hubieran mostrado postrado en oración. El libro comienza con él orando como respuesta a las noticias sobre una crisis grave. Con frecuencia, un retrato no se pinta a partir de una sola imagen, sino que se basa en muchas fotografías que le ayudan al artista a crear una composición sobre la vida de una persona, que incluye su personalidad, pasión, propósito y corazón. No, Nehemías no solo oró una vez. Su acción de arrodillarse ante Dios no terminó en el primer capítulo del libro. Allí solo comienza a describir su vida y liderazgo extraordinarios. A medida que lea la historia de la vida de este hombre, descubrirá que buscar la dirección del Señor mediante la oración fue el hábito constante de este hombre y líder excepcional.

El valor de la oración en la vida de un líder

Como en el caso de Nehemías, sus oportunidades para orar nunca suceden en un vacío. Normalmente, se precipitan debido a acontecimientos recientes, sean buenos o malos: por conversaciones, cartas de misioneros o al oír las necesidades de otros. Es importante orar mientras una carga arde en su corazón. Eso hizo Nehemías: cuando oyó sobre el problema en Jerusalén, ¡oró de inmediato!

Desdichadamente, a menos que la oración sea una respuesta natural y constante ante cualquier cosa, sea grande o pequeña, muchos líderes (incluidos usted y yo) tendemos a dejar de lado asuntos de oración urgentes, o a dejarlos en espera y darle prioridad a cosas menos importantes. La oportunidad de orar pasa mientras nos satisfacemos en actividades fáciles o que nos convienen. Parece que casi siempre hay otros asuntos de liderazgo "urgentes" que arrebatan el tiempo que podríamos dedicarle a la oración.

Una revisión de la realidad: para ser un líder conforme al corazón de Dios, incluso un *hombre* conforme a su corazón, debe decidir cuán importante es la oración en su vida y en las vidas de otros: aquellos a quienes ama y dirige. Trabajar con el Señor mediante la oración es una decisión que necesita tomar y una disciplina que tiene que desarrollar. La oración es importante y es ésta la que toca el nervio que mueve la mano de Dios. Debe comprender que "la oración no nos capacita para un trabajo grandioso, sino que *es* el trabajo grandioso".

Si espera que el Señor lo use de gran manera en el liderazgo, debe ser un hombre de oración.

NEHEMÍAS HABLA SOBRE LIDERAZGO

Como líder, ¿cómo puede permitirse *no* orar? Las cargas de ser un buen líder son intensas, por tanto, no trate de llevar usted solo las responsabilidades del liderazgo cuando tiene a Dios disponible y deseoso de ayudar. Recuerde: usted puede liderar sin Él, pero no puede ser un *gran* líder sin Él. Permita que estos principios de la vida de oración excepcional de Nehemías le guíen hacia una mayor fortaleza a medida que guía a otros. Ore:

• Para suplir las necesidades de otros. La conciencia de Nehemías sobre las condiciones del pueblo (no solo de la ciudad de Jerusalén) lo movió a orar, a buscar y a encontrar una forma de ayudarlos.

- Con una mente abierta. Esté dispuesto a ser la respuesta a sus propias oraciones. Cuando Nehemías oró, ¡entendió que el propósito del Señor le involucraba *a él*! Es totalmente posible que le revele su propósito cuando ora.
- Con un corazón dispuesto. Nehemías se comprometió a obedecer la dirección de Dios en cuanto a usarlo como parte de la solución. Con gusto, pidió una licencia en su trabajo. Puede que usted también deba dejar de lado ciertas actividades para desarrollar el plan del Señor.
- Por la visión de otros. Nehemías no podía llevar a cabo el propósito de Dios de levantar el muro él solo, y en la mayoría de proyectos, lo mismo será cierto para usted. Ore para que Él ponga la misma carga en los corazones de otros, de modo que también entiendan su visión.
- Con persistencia. No se rinda cuando parezca que el Señor no le responde, persevere de todos modos. Nehemías oró durante cuatro meses antes de recibir una respuesta clara y concisa de parte de Dios y no se detuvo ahí. Incluso cuando enfrentó un gran muro de oposición, siguió en oración hasta que el muro de la ciudad física se terminó.
- Por una conducta intachable. El liderazgo "se alcanza en la medida que se enseña". Ore como Nehemías por su propio pecado y la necesidad de perdón. Su fortaleza aumentará si es un vaso limpio, apropiado para el uso del Maestro.
- Por dirección. Nehemías oró en cada paso del viaje de hacer la voluntad de Dios. Oró por cada paso que iba a dar y después, hizo algo más: actuó.
- Después, actúe. La oración no es un sustituto de la acción. Debería haber un equilibrio entre oración y actividad, entre fe en el Señor y seguirle, entre orar por su voluntad y hacerla. No posponga, en nombre de la oración, lo que sabe que es lo correcto. A veces, solo hay tiempo para elevar una "flecha de oración" y después, actuar. En otros momentos, la oración agonizante podría seguir por meses, como sucedió en el caso de Nehemías. O podría ser que no reciba una

respuesta durante años, incluso décadas. Pero cuando llegue la respuesta, muévase con la fortaleza de la fe y observe
cómo Dios abre puertas, ¡o edifica un muro!

El programa eterno del Señor no se atascará sin sus oraciones,
pero como un líder que ora, otros recibirán la bendición de su
colaboración con Él para el avance de su gran plan eterno. ¿Orar
o no orar? Es su decisión.

*Los hombres pueden rechazar nuestros llamados
y nuestro mensaje, pueden oponerse a nuestros
argumentos y menospreciarnos, pero son
incapaces ante nuestras oraciones.*[12]

—J. SIDLOW BAXTER

4

EL VALOR... CONSOLIDA SU LIDERAZGO

Me dijo el rey: ¿Por qué está triste tu rostro?
Pues no estás enfermo. No es esto sino quebranto
de corazón. Entonces temí en gran manera.

(NEHEMÍAS 2:2)

B ueno, *¡es hora de ir a trabajar!*
Como hacía cada día, Nehemías (alias "el mayordomo real"), vertió vino en la copa favorita del rey. Como muchas de sus posesiones preciadas, probablemente la saquearan de un templo en una tierra lejana. El cáliz de oro puro estaba exquisitamente tallado y grabado con un texto en un idioma extranjero. Cuando Nehemías vertía algo del vino de la copa en su mano, era el momento de la ruleta rusa al estilo persa.

En ese momento, Nehemías reflexionó sobre el cuidado elaborado y doloroso que había tenido todo el día mientras se ocupaba de los muchos y meticulosos detalles que implicaba poner la comida y la bebida ante el rey. Ya que era su copero, pasaba innumerables horas supervisando e inspeccionando la compra y preparación de toda la comida del rey. Acompañó y vigiló a cada sirviente implicado en alguna parte de la preparación de la comida. Durante todo el proceso, nunca apartó sus ojos de la comida ni de la bebida, acompañó el desfile de sirvientes mientras prepararon el mobiliario y los alimentos para la llegada del rey a cenar.

Sí, era el momento. La comida estaba servida, presentada de una forma digna del soberano que era el rey Artajerjes. Él, sus asistentes e invitados estaban sentados. Era el momento de que el copero hiciera su parte, su trabajo. Era el momento de que probara y examinara el vino.

Nehemías vertió de manera cuidadosa y ceremonial un poco del líquido fragante en su palma izquierda. Lo llevó a sus labios, bebió un sorbo mientras el rey observaba. Después de beber el líquido… de que pasaran unos minutos cruciales… de que fuera evidente que no le había afectado ni que había muerto por el vino… de que lo catara para comprobar su sabor, calidad y veneno… y después de que él, y todos los demás presentes, supieran que el vino que había vertido era apropiado para el rey en todos los aspectos, le entregó el cáliz de oro.

Sabía que, una vez más, había hecho su labor exitosamente. Era bueno en su trabajo y se lo tomaba en serio. Pero también se tomó en serio las inquietantes noticias que llegaron desde Jerusalén. Solo podía esperar que no se notara su profunda preocupación.

Sin embargo, el rey Artajerjes conocía bien a su copero; demasiado bien. Lo conocía casi como a un buen amigo. Había algo diferente en su expresión y rostro, y lo notó. Le dijo: "¿Por qué tu rostro está triste, ya que no estás enfermo? Esto no es más que dolor del corazón".

¿La reacción de Nehemías? ¡Se sintió terriblemente asustado! Odiaba la ansiedad que sentía, el temor que sobrecogía a su corazón normalmente calmado. Sin embargo, el temor y todo lo que amenazaba estaba ahí. Sabía que su vida estaba en peligro. Conocía de primera mano la conducta imprevisible del rey y también sabía que los siguientes minutos eran cruciales. Debía ser cuidadoso con las palabras que escogería decir o no decir.

Valor es temor bajo control

Se dice que el valor no es la ausencia de temor. Más bien, es la capacidad de responder ante éste de manera adecuada. Verá, el temor no es malo. Dios usa esta emoción para añadirle precaución a nuestras acciones. El temor en medio del peligro agudiza los sentidos para luchar o huir, también hace que usemos nuestras mentes y tomemos decisiones rápidas para alcanzar soluciones. Por eso, respete su temor.

Por otro lado, el valor no desecha al temor, sino que evalúa la causa del mismo y decide cómo proceder. Puede escoger quedarse y luchar con el temor como compañero. O, en medio del peligro o de pronósticos abrumadores, no cambiará temor por irreflexión. Bien puede escoger retirarse con el fin de pelear otro día.

El valor es indispensable para un líder

En su libro *Las 21 cualidades indispensables de un líder*, el autor John Maxwell sitúa el valor en la posición número 6 de 21. En la sección "El valor de un líder inspira compromiso en los seguidores", escribe:

> "El valor es contagioso", afirma el evangelista Billy Graham. "Cuando un hombre valiente adopta una postura, las columnas vertebrales de otros se fortalecen". Una muestra de valentía por parte de cualquier persona anima a otros; una muestra de valentía por parte de un líder inspira, hace que quieran seguirlo.[13]

El valor de un líder se revela en su disposición a enfrentar situaciones y condiciones desagradables, e incluso devastadoras, con serenidad. El valor actúa con firmeza a la luz del reto, aunque pueda significar sufrir las consecuencias de la decisión, que a menudo será impopular.

El valor en las vidas de dos líderes

Aprenderemos más de Martín Lutero en el capítulo sobre la integridad, pero la historia nos enseña que también tuvo la cualidad importante del valor de manera notable. Parece que la integridad fortaleció su valor. A continuación, presento la opinión de un historiador sobre Lutero:

> Se ha afirmado que quizá fue un hombre valiente como ningún otro. Cuando emprendió su viaje

memorable a Worms [la ciudad donde se encontraría con sus acusadores] dijo: "Pueden esperar de mí todo, excepto temor a la retractación. No huiré, mucho menos me retractaré".[14]

Otro líder valiente (al que conocimos anteriormente) fue Robert E. Lee. No puedo recordar cuándo me interesé por primera vez en la historia de la Guerra Civil. Pero hasta hoy, siempre que estoy en uno de mis lugares favoritos (una librería), gravito naturalmente hacia libros que tratan sobre el conflicto entre los estados norteños y sureños de los Estados Unidos del siglo XIX. Así, como es mi costumbre, la última vez que estuve en un aeropuerto, fui directamente hacia la librería y después hacia la sección de historia. Allí, encontré y compré una biografía del gran, aunque controvertido, general Robert E. Lee. Cuando comencé a leer el libro durante la siguiente etapa de mi vuelo, me encontré con un relato de sus aventuras durante otra guerra: la guerra de Estados Unidos contra México en 1846. Su oficial superior decía que Lee realizó "la mayor hazaña de valor físico y moral que le haya visto hacer a cualquier individuo que conociera".[15]

No es de sorprender que el general Robert E. Lee fuera una persona tan influyente 15 años después, durante la Guerra Civil. El mismo valor que mostró antes fue evidente a lo largo de la guerra, cuando dirigió al ejército de Virginia e inspiró a sus soldados a seguir, incluso ante los pronósticos más abrumadores.

Valor en medio del temor

Mucho antes de que Martín Lutero y Robert E. Lee aparecieran en escena, hubo otros líderes cuyo valor les capacitó para conocer la victoria y ser exitosos.

Josué fue un líder así. Fue un líder auténtico, conforme al corazón de Dios, y es un digno estudio sobre el liderazgo en sí. Puede leer su historia en la Biblia, en el libro de Josué. Cuando comience a leer sobre él, rápidamente descubrirá que tenía un ataque grave de "temores".

Josué se hizo cargo del liderazgo de Israel justo después de la muerte de Moisés. Con base en lo que Dios dijo a Josué, parece que era bastante temeroso y ansioso. Sin embargo, Dios nunca le reprendió por eso. Nada más le alentó y le exhortó a ser fuerte y a superar sus temores, los cuales eran justificados debido a:

- *Su predecesor, Moisés.* Se esperaba que siguiera los pasos del líder "mayor que la vida misma", que hablaba con Dios y sacó milagrosamente al pueblo de Egipto. Además había...
- *Su ejército.* ¡Si es que se le podía llamar así! Sus hombres eran un grupo dispar con poca o ninguna formación militar ni experiencia en batalla. Y finalmente, había...
- *Su enemigo que habitaba la tierra.* Los había visto por sí mismo: eran gigantes, tribus salvajes que se negaban a entregar su tierra sin una batalla feroz (Nm. 13:32; 14:45).

Al ser omnisciente y saber todo lo que hay que saber, Dios reconoció el temor en su general novato. En repetidas ocasiones, consoló y alentó a su nuevo líder. Le dijo a Josué: "Mira que te mando que te esfuerces y seas valiente... porque Jehová tu Dios estará contigo en dondequiera que vayas" (Jos. 1:9).

Piense en esto. La poderosa promesa que le dio a Josué, su líder vacilante, también estuvo disponible para Nehemías, cientos de años después. Y, ¡buena noticia! De forma increíble, aún está para usted hoy, más de 2.400 años después.

Si es un líder activo o ahora mismo está descubriendo el concepto, puede aprovechar las siguientes tres razones para actuar siempre con valor. Le dirán por qué nunca debe permitir que el temor lo inmovilice, y por qué puede ser valiente al pelear las batallas que enfrenta como hombre y líder.

1. El valor crece a partir del carácter de Dios

Dios le dijo a Josué: "Mira que te mando que te esfuerces y seas valiente" (Jos. 1:9). Era como un entrenador, el entrenador *supremo*, que estaba al lado de la cancha animándole a liderar a estas personas hacia la victoria: ¡darles la tierra!

—¿Por qué, Señor? —podríamos preguntarnos junto con Josué.
—Porque juré a sus padres darles posesión de la tierra —le explicó (ver Jos. 1:6). ¡Fin de la discusión! Dios lo prometió... y podía darse por hecho.

Significaba que Josué podía ir a la batalla con valor, sabiendo que Dios, que no puede mentir, le había prometido la victoria. Dios no iba a permitir que su siervo fracasara o fallara en el cumplimiento de su promesa al pueblo.

La confirmación reiterada de la promesa de Dios a Josué debería darle a usted, como líder en su ámbito de influencia, esta misma confianza. Dios le ha prometido la victoria, debe creerle y confiar en Él. "Mas a Dios gracias, el cual nos lleva *siempre* en triunfo en Cristo Jesús" (2 Co. 2:14). Su triunfo en Él es un hecho. Su victoria prometida debería darle valentía y confianza en las batallas que enfrenta en la vida cotidiana.

2. El valor se extiende con la dirección de Dios

Quizá Josué aún vacilara, quizá no estuviera bastante seguro de querer el trabajo de líder (¡y tal vez usted pueda identificarse con eso!). Sin importar lo que pensara, el Señor le dijo por segunda vez: "Solamente esfuérzate y sé muy valiente" (Jos. 1:7). En esencia, preparó a su líder cuidadosamente seleccionado, pero indeciso.

—¡Ten *más* valor, Josué!
—¿Por qué, Señor?
—¡Porque te di los planes de batalla que te guiarán al éxito! Ahora te doy toda la fuerza que necesitarás para lograrlo y hacerlo realidad.

Dios le dio dirección a Josué y también se la da a usted mediante su Palabra. Por eso, como le advirtió a Josué: "[Cuida] de hacer conforme a toda la ley que mi siervo Moisés te mandó" (v. 7).

Me recuerda una historia que oí sobre un equipo de fútbol americano débil que derrotó a un equipo campeón. No importaba cuál era la jugada, pues el oponente parecía saber exactamente cómo defenderse. Los entrenadores del equipo más fuerte estuvieron perplejos mientras intentaron entender su derrota. Tiempo después, se resolvió el misterio: de algún modo, el equipo contrario obtuvo el manual de estrategias del otro equipo y le dio una guía para la victoria. Conocían cada jugada que podrían intentar. Dios también le dio un manual de estrategias: la Biblia. Significa que puede tener una defensa fuerte y exitosa contra el temor y los misiles violentos del maligno (Ef. 6:16). Propóngase seguir el consejo del Señor para Josué: no se distraiga ni pierda su valor, no se aparte a derecha ni a izquierda, mantenga su devoción enfocada en Él y en su manual de estrategias para su vida: "Porque entonces harás prosperar tu camino, y todo te saldrá bien" (Jos. 1:8-9).

3. El valor se multiplica con la presencia de Dios
Anote bien: el Señor prometió estar con Josué *dondequiera* que fuese. Por tercera vez, le dijo a su líder: "Sé fuerte y valiente" y luego, añadió: "No temas ni desmayes", ¿por qué? "Porque Jehová tu Dios estará contigo en dondequiera que vayas" (Jos. 1:9).

Estoy seguro de que, en el pasado, usted enfrentó situaciones difíciles o enfermedades, o tuvo reuniones exigentes o compromisos rigurosos en los que debió ser valiente. O jugó un gran partido, o tuvo que rendir en una producción importante o dio un discurso significativo, o se enfrentó a la presión de enseñar una lección difícil en la iglesia o en un estudio bíblico. Todo el mundo ha estado ahí, en un lugar donde realmente necesitaba ser valiente y esforzarse.

Estoy seguro de que también sabe cuán alentador es cuando tiene familiares y amigos, o un mentor cerca, para apoyarlo y animarle. Su presencia y cuidado proporcionan un estímulo para que dé lo mejor, le da la valentía para hacer lo correcto.

Bien, es incluso más motivador saber que Dios está siempre cerca, a su lado, sin importar lo que suceda ni a donde vaya. Este era el secreto del valor de Josué y también debería ser el suyo, a medida que se abre camino en cada reto.

Un perfil del valor
Regresemos a nuestro héroe, Nehemías. Él no tenía la confirmación reiterada que Dios le dio a Josué: Dios no le dijo a Nehe-

mías tres veces que no tuviera temor y que se llenara de valor. Sin embargo, tenía conocimiento de los antecedentes de la fidelidad de Dios sobre los cuales apoyarse. Su respuesta ante su propio temor en el momento en que sus emociones quedaron al descubierto fue un punto crucial en su vida y en el uso que el Señor hizo de él. Si hubiera cedido ante el temor, si hubiera rogado por su vida o suplicado perdón, la historia de su hazaña extraordinaria, liderazgo brillante y contribución positiva a los propósitos de Dios habría llegado a su fin. Sí, ceder al temor y a la cobardía era definitivamente una opción y, ¡era la fácil!

Pero no. Nehemías decidió enfocar su corazón, alma, mente y fuerzas en la confianza en Dios. Como dice el dicho, el resto es historia. Su decisión de enfrentar sus temores con la fortaleza del Señor fue el trampolín hacia una vida increíble de liderazgo y éxito. En lugar de sucumbir ante el temor de lo que el rey Artajerjes pudiera hacer, o ante la posibilidad de afrontar el final de su vida, Nehemías decidió ser valiente, lo cual abrió la puerta hacia un futuro ilimitado: uno que Dios tenía para él y la mejoría de su pueblo.

El libro de Nehemías nos da una descripción de lo que es el valor:

Comienza en el corazón. No es una emoción instantánea ni una respuesta automática. Las señales externas del valor son producto de las batallas reñidas de un corazón que razona y de una mente que cuestiona. Lucha contra poner las necesidades de sí mismo por encima de las necesidades de otros. En el caso de Nehemías, era una batalla buscar una solución y participar en la restauración de la ciudad del pueblo de Dios. Su aumento de valor empezó con la oración, con un corazón que oraba. ¿Dónde está su campo de batalla actual? Asegúrese de orar.

Corre riesgos. Tomar riesgos parece ser un denominador común entre los líderes altamente eficaces. La posición responsable de Nehemías como copero del rey llegó porque corría riesgos cada vez que probaba la comida o probaba su vino. Era un hombre valiente y cada vez que hacía su trabajo, su valor se basaba en la confianza que tenía en sus propias capacidades y diligencia.

Cuando Artajerjes notó la tristeza de Nehemías y la sacó a la luz, el valor le capacitó para correr los riesgos necesarios. Se apoyó en la fortaleza y en el coraje del Señor, explicó valientemente su dolor, pidió permiso para irse y buscó la ayuda del rey. Nada en sus peticiones podía provenir de sus propias capacidades. Las respuestas a sus peticiones debían llegar de parte de alguien más: el rey. Entonces, apeló a Artajerjes, confiando por completo en la mano soberana de Dios para que moviera su corazón. Como escribió Salomón: "Así está el corazón del rey en la mano de Jehová; a todo lo que quiere lo inclina" (Pr. 21:1). ¿Está en un lugar difícil? Confíe en el Señor y encárelo de frente.

Intenta lo imposible. No se necesita valor para hacer lo común. Hacer lo rutinario solo es hacer su deber. Pero intentar lo imposible requiere audacia: *chutzpa*. Lo que Nehemías estaba pensando emprender era lo imposible. Después de todo, otros habían fracasado durante por lo menos 90 años al reconstruir los muros alrededor de Jerusalén y restablecer la ciudad de Dios que estaba en ruinas y polvo. Sin embargo, ese proyecto fue precisamente el que pidió Nehemías, recibió permiso y provisiones, y emprendió el camino a través de una tierra estéril hacia Judea. Esa es una petición audaz; ¡eso es valor! Recuerde el valor de este copero la próxima vez que se sienta tentado a pensar que es imposible hacer la voluntad del Señor.

Adopta una postura. La intimidación es la herramienta favorita del que abusa, y las naciones que rodeaban Jerusalén eran abusivas. Amenazaban con fuerza militar a fin de mantener a los judíos (el pueblo de Dios, la niña de sus ojos) reprimidos y temerosos. Aunque lo sobrepasaban en número, Nehemías adoptó una postura contra sus adversarios cuando llegó a Jerusalén. Dio un paso adelante para defender a los obreros que se ocupaban del muro mientras trabajaban para reconstruirlo. Su acto valiente (en realidad, se valió de un engaño) produjo resultados positivos inesperados:

¡los abusadores se lo creyeron y retrocedieron! Pídale a Dios más valentía cuando necesite levantar la voz y adoptar una postura.

Busca justicia. El valor no es beligerante, no busca una pelea. De hecho, entiende que se necesita más fortaleza para *no* luchar. Sin embargo, habían cometido injusticias graves contra los pobres de Judea, así que Nehemías buscó justicia. El valor lucha por el bienestar de los necesitados y este hombre tenía la cualidad del valor para adoptar una postura y pelear la buena batalla. Como líder, estaba dispuesto a enfrentarse a la clase gobernante acomodada a fin de que prevaleciera la justicia. Como líder, mantenga siempre sus ojos, oídos y corazón abiertos para recibir noticias sobre injusticias. Luego, haga todo lo posible por hacer las cosas bien.

Hace lo correcto. El valor toma las decisiones difíciles. Normalmente, las decisiones correctas son difíciles. El temor puede nublar la mente y el juicio de un líder. Personas aparentemente acreditadas y conocedoras le advirtieron a Nehemías que debía tratar de escapar de su proyecto en Jerusalén y ocultarse de sus enemigos; pero él escogió no aceptar el consejo. En cambio, se mantuvo firme y estuvo dispuesto a luchar. El valor hace lo correcto, incluso con la posibilidad de su propio fin. Una vida de oración fuerte dirigirá sus decisiones mientras busca hacer lo correcto.

No es egoísta. Es necesario que un líder especial comparta el "centro de atención del éxito". Durante más de la mitad de la historia, la Biblia muestra que Nehemías fue el líder incuestionable, defendió la ciudad y motivó a otros a construir el muro. Sin embargo, en la cumbre de su popularidad, se hizo a un lado y permitió que Esdras, un hombre más capacitado, dirigiera al pueblo en adoración. Pídale a Dios que le haga plenamente consciente cuando su parte haya terminado o alcanzado el tope, y sea tiempo de hacerse a un lado.

No transige. Ni es obsoleto. Nehemías pasó 12 años defendiendo la ciudad de Jerusalén, a su pueblo, y especialmente a Dios y a su Palabra. A menudo, sus decisiones no fueron bien recibidas, y sus hermanos judíos y las naciones hostiles de alrededor le refutaron acaloradamente.

Luego, regresó a Susa durante un tiempo. Después, volvió a Jerusalén, donde, de nuevo, enfrentó muchos de los mismos problemas (algunos estaban peor que antes). Con valentía, continuó lo que había dejado. Se mantuvo inflexible en su liderazgo de los judíos contra la injusticia y la conformidad con el mundo. Con frecuencia, usted deberá asumir las consecuencias de liderar hacia lo correcto. ¡No desacelere nunca! Siga hacia adelante.

NEHEMÍAS HABLA SOBRE LIDERAZGO

Sin importar a quiénes guíe, ellos esperan que usted, como líder, sea valiente, que permanezca tranquilo bajo el fuego y no vacile al enfrentar situaciones difíciles y desagradables. Sus seguidores obtienen fuerza, valor y ejemplo de usted. Nehemías fue un éxito porque estuvo dispuesto a correr riesgos y a confiarle los resultados a Dios.

Usted también puede ser ese tipo de líder. La verdadera pregunta es: ¿está dispuesto para la tarea? Y, ¿qué puede hacer para seguir creciendo como líder? Esto requiere trabajo cada día y en cada aspecto: mire al Señor, cambie sus temores por el valor de Él y apóyese en la fortaleza que Él le da todo el día.

La vida de Nehemías es un testimonio de valor. Dios busca líderes como él que luchen batallas morales, físicas, políticas y espirituales. Busca a quienes posean el valor espiritual para confiar en Él y llevar su fe a las batallas diarias de la vida. Busca líderes, como usted, que tengan valor para...

- levantarse por Cristo en público, en el trabajo y en el hogar
- ser un modelo de un carácter piadoso para otros
- sacar a la familia de la mundanalidad y llevarla hacia la piedad
- tener una vida consecuente para Cristo, sin importar el costo

Siempre que sienta que su valor es débil o que flaquea, comprenda que no hay vergüenza alguna en eso. Los líderes eficaces y gigantes de la fe, como Nehemías y Josué, flaquearon pero no fallaron. Siga los siguientes pasos para fortalecer y mejorar el valor en usted que podrá flaquear, pero nunca fallará.

Paso #1. *Obtenga fortaleza, poder y determinación* a partir del carácter de Dios, su Palabra y presencia (Jos. 1:8-9).

Paso #2. *Establezca sus ideales.* Sepa qué cree y por qué. El valor llega cuando está dispuesto a luchar por estos.

Paso #3. *Pruebe su valor.* No tenga temor a estirarse. El valor llega a medida que supera obstáculos, esto lo hace más fuerte para la siguiente prueba de valor.

Paso #4. *Recuerde que el Señor está con usted.* Está ahí siempre para ayudarle a liderar y a luchar sus batallas dondequiera que se libren. ¡Sea fuerte y valiente!

Como Dios está con usted y usted está con Él, ¡no tiene nada que temer!

5

La sabiduría... fomenta su liderazgo

Si le place al rey, y tu siervo ha hallado gracia delante de ti, envíame a Judá... Y agradó al rey enviarme.

(Nehemías 2:5-6)

En verdad, fue un momento de infarto. Hasta ese mismo minuto, Nehemías había sido el cuadro perfecto de la compostura tranquila y segura. No había sido fácil parecer calmado desde que escuchó sobre el estado vergonzoso y aterrador de la ciudad de Jerusalén y de su pueblo por parte de su hermano. Sin embargo, encontró consuelo personal y fortaleza pública al orar y hacer planes en privado.

Parecía que había orado sin cesar durante más de tres meses. Enfocaba cada oración de su corazón y cada pensamiento, y utilizaba cada minuto libre para batallar en oración por una solución a la situación difícil en la que estaba el pueblo de Dios. Se centró en prepararse con paciencia y meticulosidad para la oportunidad correcta de hablarle al rey sobre su preocupación.

Hasta ese mismo segundo, había pasado un intervalo de más de tres meses, entre aquel día fatídico en que recibió las inquietantes noticias y este momento incómodo con el rey. Era tiempo de poner el valor en acción. Había ensayado su discurso mil veces y sentía que estaba listo (bueno, ¡al menos había interpretado este momento *en su mente* una y otra vez!).

Durante esos mismos tres meses se había preguntado exactamente *cuándo* llegaría el momento en que tendría que hablar ante el rey. Había actuado en varios escenarios posibles en su mente. *Quizá llegaría un momento en que sintiera que el rey estaba de buen humor. O quizá el momento correcto se presentaría por sí solo cuando hubiera pocas personas en su presencia. O quizá la ocasión perfecta sería evidente alguna noche después de la cena, cuando su amo estuviera relajado, satisfecho y contento.* Pero tal como resultaron las cosas, no sucedió nada de lo anterior. El estado de ánimo del rey y el escenario no tuvieron nada que ver. Cuando sucedió, estaba rodeado de invitados en su mesa, ¡inclusive la reina! Olvídese de algunas palabras en privado después de una cena relajante. Aún estaban sirviendo la cena cuando llegó la oportunidad de Nehemías. De la nada, el rey vio tristeza en su rostro. Debido a su preocupación, le preguntó: "¿Por qué esta triste tu rostro, ya que no estás enfermo?".

Nehemías tragó saliva y reconoció la oportunidad que Dios había dispuesto: ¡una oportunidad divina que jamás habría soñado! *Gloria a Dios* —celebró en su corazón— *en verdad, el rey está interesado y, ¡me está preguntando por la razón de mi tristeza!* Entonces, cuando abrió su boca, oró al Señor de los cielos: *Dios, ¡dame sabiduría! ¡Allá voy!*

¡La sabiduría no sucede porque sí!

Es cierto: la sabiduría no sucede porque sí. Se necesita tiempo y esfuerzo para reunir, procesar e incorporar sabiduría y usarla. Por ejemplo, pensemos en el primer vuelo del hombre. Eso sucedió el 17 de diciembre de 1903. En una playa fría y con viento, cinco personas y un perro observaron cómo se hacía la historia. El lugar era Kitty Hawk (Carolina del Norte). El acontecimiento fue la primera vez que un objeto más pesado que el aire despegó del suelo con su propia capacidad y mantuvo un vuelo controlado. Este importante hito en la historia duró solo unos breves segundos, ¡pero con este comenzó la era del vuelo! Orville Wright, de 32 años, pilotó el Flyer (como lo llamaron) a tres metros del suelo a lo largo de unos 36.5 metros.

Horas después, Wilbur (su hermano mayor) voló su avión a una distancia de 243.8 metros. Los logros de estos dos hombres representan una vida de optimismo incurable, trabajo intrépido y estudio. Durante años, habían investigado los esfuerzos de otros que lo habían intentado y habían fracasado. Construyeron y probaron numerosos modelos antes de diseñar y construir el Flyer. La sabiduría necesaria para hacer que sucediera fue el resultado final de largos años de pruebas y errores. Sin embargo, cuando se trata de la vida diaria, ¿no sería mucho más rápido (y sin duda, menos doloroso) eludir las pruebas y los errores, y solo hacer bien las cosas la primera vez? ¿Obtener sabiduría sin esfuerzos fortuitos? ¿Conseguirla desde el principio?

Bueno, querido lector, eso es exactamente lo que Dios quiere hacer por usted: le promete sabiduría. Promete que si usted se la *pide*, la obtendrá. ¡*Esa* es una promesa poderosa! Léala usted mismo:

> Y si alguno de vosotros tiene falta de sabiduría, pídala a Dios, el cual da a todos abundantemente y sin reproche, y le será dada (Stg. 1:5).

Entender la sabiduría

Vamos a examinar las hazañas de Nehemías en unas páginas y veremos de primera mano cómo se muestra la sabiduría a lo largo de su biografía. Por ahora, ahondemos en una comprensión sobre el corazón y del alma de la sabiduría.

La sabiduría tiene su fuente en Dios

Todo tiene una fuente, comienza en algún lugar, como lo descubrió mi familia durante unas vacaciones de verano en Montana. Por el camino, conducíamos sobre un puente pequeño que tenía un cartel que decía "río Missouri". Antes, habíamos estado en St. Louis y habíamos visto la anchura impresionante de ese río, justo antes de desembocar en el poderoso Mississippi. En cambio, esta parte, en las alturas de Montana, era pequeña, solo un poco más que un riachuelo. Entonces, retrocedí con el carro para asegurarme de que no habíamos leído mal el cartel. Efectivamente, estábamos mirando el origen del río Missouri. No estábamos lejos de su fuente.

Lo siguiente es algo para meditar: todo tiene una fuente... excepto Dios, el cual es la fuente de todas las cosas. Es probable que ya sepa que los cielos y la tierra tienen su fuente en el Señor (Gn. 1:1), pero ¿sabía que la sabiduría también tiene su fuente en Él? Dios *es* sabiduría (Esd. 7:25) y su sabiduría y conocimiento no provienen de nadie (Job 21:22). Toda sabiduría verdadera se encuentra solo en Él. Entonces, como líder de una familia, de sus semejantes o de una compañía que necesita sabiduría para la tarea, mírelo a Él y a su Palabra.

Sabiduría es más que conocimiento

Probablemente haya conocido a algunos líderes que, cuando los vio por primera vez, realmente le impresionaron. Pero con el tiempo, a medida que llegó a conocerlos mejor y observó de cerca su liderazgo, comenzó a darse cuenta de que no había mucha relación entre su conocimiento y su liderazgo. Su capacidad para liderar era menos que exitosa. ¿Por qué? Les faltaba sabiduría.

En cambio, hay muchos líderes sin educación que poseen poco o ningún entrenamiento formal y, sin embargo, son sabios en las decisiones que toman.

No necesita educación formal para hacer uso de la sabiduría que se presenta en la Palabra de Dios, la cual capacita a la persona para pensar con claridad y tomar las mejores decisiones, incluso en medio de situaciones y emergencias difíciles.

Como muchos, probablemente piense que podría usar más este tipo de sabiduría. La buena noticia es que el Señor la ofrece gratuitamente. ¡Siga leyendo!

La sabiduría está disponible

¿Está experimentando algún problema o prueba en su vida, o en su papel como líder? ¿Está en una encrucijada en su carrera? ¿Podría usar alguna dirección para tratar a un familiar, amigo o compañero de trabajo? ¿Está batallando con algunos problemas difíciles? O, ¿quizá necesite algo de ayuda en todas las categorías que mencioné anteriormente? Entonces, necesita sabiduría: la de Dios.

¿Ya le pidió ayuda? Dios le prometió sabiduría. Dice: "Y si alguno de vosotros tiene falta de sabiduría, pídala a Dios" (Stg. 1:5). Amigo, respecto a cualquier problema que esté enfrentando, no debe argumentar, debatir, ni expresar sus perspectivas y pensamientos durante días y semanas sin parar. No debe desesperarse ni buscar a tientas en la oscuridad, con la esperanza de tropezarse con respuestas mediante ensayo y error. Siempre que necesite sabiduría, puede orar al Señor, pedirle y, ¡le dará sabiduría! (v. 5).

La sabiduría se da gratis

¿Ha tenido que pedir alguna vez un préstamo? Probablemente, el responsable de los créditos se tomó mucho tiempo con su solicitud. ¡Puede haber procedido con tanta cautela que usted comenzó a pensar que le iba a prestar de su propio dinero! Tener que hacer una petición así puede ser una agonía. Si es como yo, probablemente saliera del banco con la esperanza de no tener que pasar por esa experiencia nunca más.

La respuesta de Dios ante sus peticiones de sabiduría es justamente la contraria: "Da a todos abundantemente y sin reproche" (Stg. 1:5). No solo reparte sabiduría aquí y allá, ni le hace esperar en línea para recibirla, tampoco la da de mala gana. No, se la da "a todos" los que la pidan. Da sabiduría de forma gratuita, abundante, generosa y con la mano abierta.

Dios tampoco le da un sermón cada vez que acude a Él para pedirle: "¿Puedo tener un poco más de sabiduría, por favor?". No, cada vez que pide, le da sabiduría "sin reproche". Con este tipo de promesa y de libertad, ¿por qué, oh, por qué no recorremos un camino hacia el Señor con frecuencia?

La sabiduría llega de diversas maneras

Aunque el río Missouri tiene una fuente, también tiene muchos afluentes a lo largo de su camino que se suman a su tamaño y potencia, a medida que fluye hacia su destino, el Mississippi. ¿Qué "afluentes de sabiduría" permite Dios que desemboquen en su vida para fortalecerle, hacer que madure y sea sabio?

Su caminar con Dios. La sabiduría llega a medida que desarrolla una conciencia sobre el Señor, camina con Él, le sigue y cultiva una actitud más consciente y de adoración hacia Él. El fundamento de la sabiduría es el temor de Dios (Pr. 1:7). A medida que usted honra y estima a Dios, vive con temor reverencial ante su poder y obedece su Palabra, la sabiduría de Él se convierte en la suya. Es suya en la medida que le permite convertirse en la influencia controladora de su vida.

Una perla de sabiduría para usted: Ir a la iglesia y adorar a Dios le ayuda a comenzar la semana con el enfoque correcto y una dosis de su sabiduría.

Su tiempo en la Palabra de Dios. La Biblia puede hacerle sabio, más sabio que sus enemigos, sus maestros, e incluso quienes son mayores y más experimentados. ¿Cómo puede obtenerla? Es sencillo. Lo único que debe hacer es amarla, tenerla en primer lugar en su mente y corazón, y obedecerla (Sal. 119:98-100).

Una perla de sabiduría para usted: Escudriñar la Palabra de Dios a diario hará que penetre en usted. También le ayudará leer buenos libros y devocionales cristianos que estén sólidamente basados en las Escrituras.

Lo que recibe de otros. Puede obtener sabiduría buscando consejo de aquellos que poseen sabiduría. Búsquelos, observe sus vidas, trate de localizarlos, hágales preguntas. También puede leer el consejo sabio y piadoso de otros en libros cristianos. Al buscar la sabiduría de otros, crecerá en madurez como líder.

Una perla de sabiduría para usted: Ore y pídale a Dios que le dé mentores, pídale que le muestre quién podría estar dispuesto a ayudarle. Pregúntele a esa persona si pueden reunirse y hablar, y visite su librería cristiana. Vea qué libros están disponibles que pueden ayudarle a crecer en sabiduría.

La vida de sabiduría de Nehemías

Ya aclaramos que Nehemías debió ser un hombre bastante inteligente. Y, más allá de la gracia de Dios, debió ser muy sabio al actuar al lado de un patrón que era, según los historiadores, emocionalmente inestable. Cuando lee su historia en la Biblia, ve claves específicas respecto a cómo era la sabiduría en la vida de Nehemías. Aquí hay algunas señales que no puede pasar por alto:

Buscó respuestas. Aquí tenemos una lección de vida en el liderazgo de parte de Nehemías: "Y les pregunté por los judíos… y por Jerusalén" (1:2). Un líder necesita información, hechos, a fin de tomar decisiones sabias. Nehemías no iba a actuar sin conocerlos. Ningún líder sabio (de una familia o de una empresa que aparezca en la lista *Fortune 500* [o Riqueza 500], y de todo lo demás) procede a actuar sin estar armado de información.

Buscó consejo. Cuando apareció un problema en la puerta de Nehemías, su primera respuesta fue buscar el consejo de Dios: "Cuando oí estas palabras [respecto a la situación nefasta en Jerusalén] me senté y lloré, e hice duelo por algunos días, y ayuné y oré delante del Dios de los cielos" (1:4). Sabía que necesitaba fortaleza, fuerza y sabiduría del Señor. Entonces, oró "delante del Dios de los cielos". Cuando se tropiece con un problema, ¡ore! Haga la oración de Pablo: "Señor, ¿qué quieres que yo haga?" (Hch. 9:6).

Fue paciente. "Sucedió en el mes de Nisán… tomé el vino y lo serví al rey" (Neh. 2:1). Ya sabemos que Nehemías oró, y ayunó y planificó durante más de tres meses antes de actuar. La sabiduría nunca tiene prisa. No intente tomar decisiones apresuradas. Tómese tiempo para pensar, orar y buscar consejo. Parafraseando el consejo sobre el liderazgo del general George S. Patton: "Tómese el tiempo necesario para tomar una decisión, pero, ¡tómela!".

Fue prudente. Incluso un "líder audaz" experimenta temor. Nehemías testificó: "Entonces temí en gran manera" (2:2). ¿Cómo supera un líder el temor? Mediante la sabiduría, la cual es cuidadosa, no da nada por sentado. Él disfrutaba de grandes privilegios, pero conocía el temperamento de su rey. Su cautela, prudencia y oración constante aseguraron que expresara sus preocupaciones y su petición de manera respetuosa. La experiencia del pasado le enseñó cautela. Tal como aprendió a decir el vendedor de zapatos prudente: "Señora, este zapato es demasiado pequeño para su pie", en vez de: "Señora, su pie es demasiado grande para este zapato".

Estuvo preparado. Al seguir todos los pasos de la sabiduría, Nehemías le hizo su petición al rey: "Envíame a Judá" (2:5). Ya había orado y planificado. Entonces, cuando llegó el momento correcto, actuó con sabiduría. Un líder sabio ora y planifica, y nunca acude a una reunión sin saber qué va a decir. Incluso se prepara para las preguntas, preocupaciones y objeciones que otros puedan tener respecto a su plan. En otras palabras, todo está ordenado.

Buscó justicia. Veremos esto ilustrado más adelante en este libro. Aprenderemos que parte del pueblo de Dios era gravemente maltratado: la clase privilegiada les cobraba intereses de forma injusta a los préstamos que les hacían a las personas, algo que estaba explícitamente prohibido en la ley de Dios. ¿Qué hizo la sabiduría? ¿Que hizo *Nehemías*? "Entonces lo medité, y reprendí a los nobles y a los oficiales, y les dije: '¿Exigís interés cada uno a vuestros hermanos?'" (5:7). Note de nuevo que primero, la sabiduría recoge información, y *después* se toma tiempo para decidir cuidadosamente las acciones correctas.

Buscó soluciones. La sabiduría guió a Nehemías para reconstruir con éxito los muros. Sin embargo, su siguiente problema era decidir qué hacer respecto al repoblamiento de la ciudad. De nuevo, debido a su caminar con el Señor, pudo decir: "Entonces puso Dios en mi corazón" registrar al pueblo, según su genealogía (7:5).

Luego, echaron suertes (algo parecido a los dados) y se le pidió a una de cada diez familias que se mudara a la ciudad (11:1). La solución de la sabiduría fue permitir que la "suerte" escogiera quiénes debían desarraigar a sus familias y mudarse a la ciudad.

NEHEMÍAS HABLA SOBRE LIDERAZGO

Cada líder cristiano (de hecho, cada *cristiano*) debería querer ser una persona de sabiduría. Ni una vez se usan las palabras *sabio* o *sabiduría* en la Biblia respecto a la vida de Nehemías. Sin embargo, una y otra vez, lo vemos tomando decisiones sensatas. ¿Cuál fue el secreto tras su éxito asombroso? Ya sabemos que estaba familiarizado con las Escrituras y que las obedecía. Su "temor del Señor" fue el principio de su sabiduría, tal como dice Proverbios 9:10. ¿Y usted? ¿Qué pasos puede dar para convertirse en un líder reconocido por la sabiduría, por ser conforme al corazón de Dios?

Ansíe sabiduría. ¡Quiérala por encima de todo! El rey Salomón nos muestra cómo es esta actitud del corazón que se enfoca. El Señor le dio la oportunidad de pedir cualquier cosa que quisiera: "¡Pide! ¿Qué quieres que te dé?". ¿Cómo respondió? (¿Qué hubiera dicho usted?). Salomón le pidió sabiduría, un "corazón entendido" (1 R. 3:5, 9).

La sabiduría es la mejor cualidad a desear por encima de todo, es el fin último. Como enseña Salomón, olvídese de las riquezas y de la fama. "Bienaventurado el hombre que halla la sabiduría, y que obtiene la inteligencia; porque su ganancia es mejor que la ganancia de la plata, y sus frutos más que el oro fino" (Pr. 3:13-14).

Algunas preguntas para su corazón: ¿De qué forma sirven los deseos de su corazón? ¿Desea riquezas, larga vida, poder, reconocimiento o sabiduría? Respecto a la felicidad verdadera, ¿busca las respuestas del mundo o las de Dios? Decida en su corazón (y en sus expectativas) buscar y desear la sabiduría de Dios.

Ruegue por sabiduría. Dios promete sabiduría si se la pide (Stg. 1:5). ¿Cómo le pide? Mediante la oración, la cual reconoce su dependencia de Él. Y como su sabiduría escasea y es a corto plazo, necesita pedirle constantemente (en oración) sabiduría para manejar su vida y dirigir a otros.

> *Algunas preguntas para su corazón:* Muchos hombres tienen tiempo de sobra para leer las secciones de deportes y de economía en el periódico, o para ocuparse con todo tipo de búsquedas en línea. Sin embargo, en cierto modo, la oración no se introduce en su apretado programa. ¿Encaja la oración en su agenda? ¿Está en su lista de cosas por hacer cada día? ¿Es parte de la rutina diaria? Dios no lo está llamando a batir algún récord en la sesión de oración más larga, pero, lo *está* llamando a orar. Debería visitarle para pedirle sabiduría a diario. ¡Pídasela, ruegue por ésta! Ore diciendo: "Señor, dame sabiduría".

Busque sabiduría. Le prometieron sabiduría... pero *usted* debe buscarla. La sabiduría llama... pero *usted* debe responder. Para descubrir el tesoro de la sabiduría, necesita seguir el mapa del tesoro de Dios: "El Señor da la sabiduría". Pero, ¿de dónde viene? ¿Dónde puede encontrarse este tesoro? "Porque Jehová da la sabiduría, y de su boca viene el conocimiento y la inteligencia" (Pr. 2:6). Profundice en su Palabra y, ¡se hará rico en sabiduría!

> *Algunas preguntas para su corazón:* ¿Cómo está su tiempo de lectura de la Biblia en estos días? ¿No existe? ¿Lo está haciendo mejor? ¿Hay espacio para mejorar? La sabiduría de Dios está en su Palabra y dice que debe buscar activamente la sabiduría, "cual si buscara plata o un tesoro escondido" (Pr. 2:4 DHH).

Cultive sabiduría. La sabiduría debe alimentarse, cultivarse y cuidarse con frecuencia. No es permanente ni se perpetúa por sí sola.

Debe buscarse día tras día... cada día... durante toda la vida. Cuando obtiene el tesoro del Señor de la sabiduría sana, es para hoy y solo para hoy. Úsela con las bendiciones de Dios a medida que lidera a quienes ama y guía. Utilícela para tomar decisiones buenas, mejores y las óptimas. Sin embargo, no cuente con la sabiduría de hoy para las necesidades de mañana. Mañana, levántese y busque sabiduría fresca. Su vida está en constante cambio, así que su necesidad de trabajar a diario por la sabiduría es primordial. Para seguir siendo una persona notable y guiada por la sabiduría, necesita cultivar sabiduría continuamente.

Algunas preguntas para usted: El compromiso es clave: ¿en qué nivel calificaría su compromiso de crecer en sabiduría a diario? ¿Alto, mediocre, gravemente bajo? ¿Tiene un plan? Solo se necesitan algunos minutos para leer un capítulo de Proverbios: el libro de sabiduría de Dios. Intente leer un capítulo cada día durante un mes (lea Proverbios 1 el primer día, Proverbios 2 el segundo, y así sucesivamente). Después, comprométase a hacerlo durante toda la vida. Pronto, poseerá el tesoro más grande del mundo: sabiduría, una mina de oro para fortalecer su liderazgo.

Sabiduría... es esa cualidad que capacita a alguien
para tener una vida clara y evidentemente destacada.
Imagine lo mucho que esta cosa maravillosa llamada
sabiduría puede contribuir a un liderazgo eficaz.[16]

6

LA PLANIFICACIÓN... LE APORTA ENFOQUE A SU LIDERAZGO

Me dijo el rey: ¿Qué cosa pides? Entonces oré al Dios de
los cielos, y dije al rey: Si le place al rey... envíame a Judá,
a la ciudad de los sepulcros de mis padres, y la reedificaré.

(NEHEMÍAS 2:4-5)

Los sentimientos que se despiertan en el corazón de una persona cuando comprende que Dios está en el proceso de responder sus oraciones son difíciles de explicar. Por tanto, podrá imaginar que probablemente, Nehemías sintiera una mezcla de entusiasmo, alegría y duda cuando el rey Artajerjes le preguntó: "¿Qué pides?". Justo en ese momento, elevó una oración rápida antes de hablar. Los últimos meses habían sido terriblemente difíciles para él y, de manera inesperada, el Señor le dio una oportunidad para expresarle sus preocupaciones al rey. Pero, ¿qué debía decir? Quizá pensara sobre la marcha: *Si planificara una expedición de más de 1.600 km al desierto, veamos... necesitaría tantos camellos, tanta comida. Ah, y necesitaría asegurarme de conocer las ubicaciones de distintos oasis donde pudiéramos encontrar agua en abundancia.*

Es probable que éstos fueran los pensamientos y planes que cruzaban por la mente de Nehemías. Desde el momento en que escuchó sobre la triste condición de Jerusalén y de sus muros, probablemente estuviera planificando, día tras día, lo que necesitaría si tuviera que hacer una expedición hasta Jerusalén. Con frecuencia, le llegaban ideas a su cabeza mientras oraba. Sí, durante meses, había orado como nunca. Había orado por su nación y por su pueblo asediado, pero también por los asuntos prácticos que conlleva formular un plan. También había orado para que pudiera mantener su corazón y su mente abiertos a cualquier cosa que Dios pudiera hacer para enderezar las cosas en Jerusalén.

¡No importaba que aún hubiera muchos problemas que él y otros judíos enfrentaban justo allí en Susa!

Sin embargo, mientras Nehemías, un líder conforme al corazón de Dios, seguía orando día tras día, no podía sacarse de la cabeza la necesidad de tener un plan. Por eso, en cierto punto, después de días de batalla reiterada entre orar y pensar, decidió armar un plan. Febrilmente, comenzó a pensar en las cantidades de provisiones que serían necesarias, las autorizaciones que serían necesarias para reconstruir el muro y la ciudad, y muchas otras cosas. Después de resolver esas cosas, elevó las necesidades a Dios en oración. Miraba por una ventana que daba hacia Jerusalén y oraba: "Señor, para que esto suceda, una persona necesitaría tantos camellos, tanta comida, y…".

Dos tipos de personas

Detengámonos aquí un momento y pensemos en esto: hay dos tipos de personas en el mundo cuando se trata de planificación:

Persona tipo 1. No planifica. Ah, puede *pensar* que tiene planes, pero en realidad tiene sueños y, ¡pocos planes, si es que tiene alguno! Solo vaga por la vida, rebota de columna en columna, como una pelota en una antigua máquina de pinball. Normalmente, quienes no planifican, no prosperan: "Los pensamientos del diligente ciertamente *tienden* a la abundancia" (Pr. 21:5). Hay un dicho antiguo que dice: "Planificar con anticipación lo hará avanzar".

Si es una persona del tipo uno que no planifica, quizás ahora sea tiempo de comenzar. Es tan sencillo como hacer una lista de cosas que necesita hacer hoy, mañana, la próxima semana y el próximo año. Si no planifica su día, puede estar seguro de que alguien más lo hará por usted. Sea dueño de su día al planificar (y sea el dueño de su plan) todos los días.

Persona tipo 2. Planifica con anticipación. Planificar es un estilo de vida y una disciplina para este administrador y líder. Tiene listas, horarios y metas, y produce resultados. Dondequiera que pone su enfoque y atención, suceden cosas, se hacen.

¡Es una buena noticia! Pero la mala es que a veces, cuando cumple sus planes, solo se enfoca en lo físico y descuida las cosas que son espirituales, y de valor eterno y personal, como una relación más cercana con Dios y con la familia. Si es una persona tipo dos (una persona que planifica), evalúe su enfoque. Asegúrese de incluir tiempo para el Señor y su familia en sus planes, pues son las prioridades que realmente importan.

Planificar o no planificar. Esa es la cuestión

¿Dónde estaba usted el 6 de junio de 1944? ¿Nació ese día trascendental de la historia, o antes? Durante décadas, los historiadores han intentado explicar los acontecimientos que sucedieron el día al que se refieren como Día-D, Día de la decisión o Día del desembarco.

Ese día, 160.000 tropas aliadas llegaron a las costas de Normandía (Francia). Esta invasión requirió de 5.000 barcos que transportaron hombres y vehículos a través del canal de la Mancha, además de 800 aviones, de los que cayeron más de 13.000 hombres en paracaídas. Otros 300 aviones adicionales tiraron bombas sobre las tropas alemanas que defendían las playas francesas. La invasión, también llamada Operación Overlord, implicó cinco etapas masivas de aterrizajes por parte de tropas estadounidenses, británicas y canadienses.

Un año después de esta exitosa, pero costosa operación, el líder fanático de la Alemania nazi, Adolf Hitler, se suicidó, y la guerra en Europa finalizó.

Por supuesto, el éxito de ese día no "sucedió porque sí". ¿Cómo se hizo realidad? Una palabra: *planificación*. El general estadounidense Dwight D. Eisenhower y su equipo pasaron innumerables días, semanas y meses planificando este proyecto enorme de un solo día. Aún hoy se mantiene como la mayor invasión anfibia de la historia.

La planificación como parte del liderazgo

¿Qué tan en serio se toma la disciplina de planificar con anticipación? Sin duda, el Día-D no habría tenido éxito si Eisenhower y sus asesores no se hubieran tomado tiempo para planificar y coordinar los miles de detalles que requería la operación. Estaban preparados. Pensemos en Nehemías: no era un general militar que planificaba una invasión masiva. Sin embargo, fue líder porque planificó su propio proyecto monumental. Emprendió y asumió la planificación de algo que nadie había sido capaz de lograr en más de 90 años.

Si busca una definición simple para la actividad de la planificación, solo abra cualquier diccionario. A continuación, veremos una idea de lo que muchos dirían: planificar es desarrollar, con antelación, un método para hacer algo.

Suena bastante sencillo, ¿verdad? A continuación, veremos cómo un líder describió la planificación: "Es un intento de pasar del 'ahora' al 'después'; de cambiar las cosas 'del modo en que son' a 'el que deberían ser'".[17]

Desdichadamente, muchas personas no se toman en serio la planificación, inclusive quienes están en posiciones de liderazgo. Tienen una idea estupenda y, ¡están tan ansiosos por hacer que las cosas sucedan que no se toman tiempo para planificar con anticipación! O, tienen una fecha límite, y en su prisa por terminar un proyecto a tiempo, no se toman el tiempo para planificar y asegurarse de que la tarea se haga bien.

En pocas palabras, no entienden cuán importante es la planificación para el liderazgo exitoso. Así es como el administrador del tiempo Edwin Bliss ve la importancia de planificar:

> No hay un uso más productivo del tiempo que planificar con anticipación. Los estudios demuestran lo que nos dice el sentido común: cuanto más tiempo invertimos de antemano en planificar un proyecto, menos tiempo total se requerirá para este. No permita que la multitud de tareas inútiles de hoy planifiquen el tiempo de su calendario.[18]

Preparar la escena

Nehemías era un hombre de oración; y *mientras* oraba, comenzó a comprender su responsabilidad personal. Aunque era asunto de Dios dirigirlo y responder sus oraciones, era el deber de Nehemías planificar de antemano y estar preparado. Como aprendimos anteriormente, Nehemías primero recibió las noticias sobre el estado de Jerusalén en el mes de *chisleu* (noviembre-diciembre). Cuando llegamos al encuentro entre el rey Artajerjes y él, pasaron unos cuatro meses, estamos en el mes de *nisan* (marzo-abril).

Durante todo ese tiempo, ocultó con éxito sus emociones y su preocupación respecto al estado de los judíos y de la ciudad de Jerusalén. Pero ese día, el rey notó algo diferente en su conducta, percibió que estaba triste, lo cual suscitó su curiosidad y le preguntó: "¿Por qué está triste tu rostro? pues no estás enfermo. No es esto sino quebranto de corazón" (2:2).

Nehemías sintió miedo al instante. Un sirviente nunca debía permitir que sus emociones negativas se mostraran ante la presencia del rey porque podría, de alguna manera, sugerir insatisfacción con él. Hacerlo podría poner en peligro su posición... o incluso su vida. Al mismo tiempo, Nehemías había pasado los cuatro últimos meses orando y planificando. Sabía que finalmente debía pedirle ayuda al rey. Su petición sería valiente, ¡tanto, que arriesgaría su vida! Pero como había orado durante meses por esta oportunidad y había planificado de antemano, estuvo preparado cuando el rey le preguntó.

Cualidades de quien planifica eficazmente

Cuando Artajerjes le preguntó a Nehemías por qué estaba triste, ¡comprendió que esta era su gran oportunidad! Estaba preparado para hacerle su petición al rey. No solo había estado orando, también había estado despierto hasta la madrugada mientras hacía planes detallados. Totalmente preparado, por meses de orar y planificar, en un instante, hizo una rápida oración a Dios y después procedió a exponerle su plan al rey. El modo en que hizo todo esto revela estas cualidades de alguien que planifica:

Pasión. Quien planifica con eficacia debe tener pasión. Si no tiene una convicción fuerte ante lo que propone, ¿cómo puede esperar que otros también se emocionen? Nehemías estuvo dispuesto a pagar el precio por intentar (y si Dios quería, a terminar) la reconstrucción de Jerusalén. Estaba dispuesto, al menos, a perder su trabajo tan influyente, e incluso su vida.

¿Cuán apasionado es usted? ¿Qué ideas le impulsan a ponerse de rodillas en oración ante el Señor? ¿Qué proyectos lo mantienen despierto en la noche porque está muy emocionado respecto al futuro? ¿Que incita pasión en su corazón: su familia, su ministerio hacia otros, su compromiso con el trabajo, su servicio a su país o a su comunidad? Ore por pasión... y planifique con pasión.

Apoyo. Quien planifica con eficacia debe tener apoyo. Para hacer que una idea o un plan se hagan realidad, un líder necesita y consigue a otros con experiencia, influencia y recursos para que le ayuden a lograrlo. Nehemías sabía que el proyecto que estaba a punto de discutir con el rey requería más influencia, financiación y provisiones de las que él, o incluso todos los demás judíos influyentes de su comunidad local poseían. Por eso, Nehemías necesitaba llegar tan alto en la "cadena alimenticia" como fuera posible para pedir el tipo de ayuda que hiciera posible el cumplimiento de los planes que había en su mente y corazón. El rey era quien estaba en la cima, nadie era más poderoso, nadie tenía más recursos que él, así que acudió a la única persona en el reino que podía ayudarle.

Pero, había un gran problema: ¡Artajerjes era impredecible! Le habían inundado con informes que se oponían a cualquier idea de restaurar las ruinas en Jerusalén y alrededor, ¿cómo respondería ante la petición de Nehemías?

Hay un tiempo para orar. Hay un tiempo para planificar. Y luego hay un tiempo para actuar y pedir. ¿En qué etapa está mientras sigue la dirección de Dios? Si es tiempo de orar, ore; si es tiempo de planificar, planifique; y si es tiempo de pedir, pida. ¿A quién conoce que pueda ayudarle a cumplir los propósitos de Dios? Identifique a esas personas, ore otra vez... y luego, pida apoyo.

Un objetivo claro. Quien planifica eficazmente debe tener un objetivo claro. Debe haber una meta presente que sea fácilmente comprensible, sin demasiadas variables y que tenga un resultado deseable. De lo contrario, nadie será capaz de apoyar el proyecto y prestarle la ayuda necesaria. La petición de Nehemías al rey fue sencilla: "Envíame a Judá, a la ciudad de los sepulcros de mis padres, y la reedificaré" (2:5).

Y aquí tenemos otra lección para los sabios: en la simplicidad de una petición que declaró su objetivo claro, no mencionó el nombre *Jerusalén*, quizá para evitar tocar una fibra política en el rey.

Un marco de tiempo. Quien planifica con eficacia tiene un marco de tiempo presente. Cualquier plan que no tenga una fecha de comienzo y de finalización propuestas, normalmente fracasará. Las personas necesitan una visión sobre cómo es el proyecto y cuánto tiempo se necesitará para terminarlo, quieren saber con qué se están comprometiendo, qué implica. Esto es justo lo que el rey y la reina le preguntaron a Nehemías. "¿Cuánto durará tu viaje, y cuándo volverás?". ¿Su respuesta? "Yo le señalé tiempo" (v. 6).

¿Cuál era el marco de tiempo de la misión de Nehemías? Solo más adelante descubriremos que el proyecto duró 12 años (5:14). No está claro si este fue el tiempo que Nehemías le dijo al rey, o si los retrasos ampliaron la petición original. Sin importar cómo se desarrolló, no hay indicación de que Artajerjes estuviera molesto por la cantidad de tiempo que su copero le pidió.

Como era un líder eficaz, planificó. Y como planificaba con eficacia, tuvo un marco de tiempo específico para su plan. Como líder, recuerde siempre hacer sus planes con un calendario en la mano.

Permiso. Quien planifica con eficacia pide permiso. Todo plan necesita la aprobación de alguien más. Digamos que quiere construir una casa o un edificio de oficinas: ya recibió aprobación para un préstamo, ya tiene un conjunto de planos, e incluso ya compró el terreno. Sin embargo, aún necesita algo clave antes de poner a funcionar su plan, de realizar su sueño: necesita el permiso y la aprobación de la comisión de la zona.

Nehemías sabía que necesitaba un permiso importante. Parte de su planificación meticulosa dejó claro que los tres meses de viaje desde Susa hasta Jerusalén serían peligrosos. No podía ir a donde quisiera, necesitaba seguir el protocolo político y obtener cartas de presentación de parte del rey que serían necesarias para pasar de una provincia a otra.

Sí, necesitaba algunos permisos importantes. Por eso, los pidió a Artajerjes, el único que podía ayudarle con esta necesidad: "Si le place al rey, que se me den cartas para los gobernadores al otro lado del río, para que me franqueen el paso hasta que llegue a Judá" (2:7). ¿El resultado? "Y me lo concedió el rey" (2:8). Hay una manera correcta y otra incorrecta de lograr metas. Nehemías fue exitoso porque hizo las cosas de la forma correcta: buscó y obtuvo los trámites necesarios y los documentos de permiso requeridos. Un líder conforme al corazón de Dios siempre se adhiere a la ley, siempre sigue las reglas. Al hacerlo, recibirá su bendición, y en todo lo que logre le dará la gloria al Señor y favorecerá a sus propósitos, todo porque hizo las cosas a su manera.

No sea el líder que toma atajos, que se salta las reglas intencionalmente o que hace oídos sordos a algo que es menos que legal u honesto. Sea un líder conforme al corazón de Dios. No intente improvisar, sino ¡haga sus deberes!

Adquisición. Quien planifica eficazmente adquiere lo necesario para lograr la meta. A estas alturas, teniendo en cuenta todo lo que sucedió en la conversación de Nehemías con el rey, el débil de corazón podría retirarse y dejar de hacerlo. Sin embargo, él aún tenía cabeza (¡todavía estaba vivo!) y, como uno de los sirvientes más valiosos y confiables de Artajerjes, recibió permiso para dejar su servicio y viajar cientos de kilómetros hasta una provincia lejana. Incluso, le dieron autoridad para viajar por muchos países camino a Jerusalén. De hecho, ¡iba a ser el enviado o representante del rey (5:14)!

Sin embargo, Nehemías no había terminado. También necesitaba materiales para el proceso de reconstrucción. Había muchas piedras para los muros, pero necesitaba madera. La madera era un producto muy valioso y los árboles escaseaban. A partir de su planificación cuidadosa, sabía que necesitaría madera con el fin de construir puertas para las diferentes entradas, reforzar el muro de la ciudad y construir residencias. ¿Su solución? Le pidió con valentía al rey Artajerjes "carta para Asaf, guarda del bosque del rey, para que [le diera] madera para enmaderar las puertas del palacio de la casa, y para el muro de la ciudad, y la casa en que [iba a estar]" (2:8).

A medida que guía a su familia, negocio, iglesia, grupo, equipo o comunidad, decida que su fase de planificación llegue hasta el final, hasta el último objeto necesario. Piense en cada detalle, fíjese en todo lo necesario y sepa cómo lo adquirirá. En el Nuevo Testamento, encontramos una parábola de Jesús que nos enseña este mismo principio:

> Porque ¿quién de vosotros, queriendo edificar una torre, no se sienta primero y calcula los gastos, a ver si tiene lo que necesita para acabarla? No sea que después que haya puesto el cimiento, y no pueda acabarla, todos los que lo vean comiencen a hacer burla de él, diciendo: Este hombre comenzó a edificar, y no pudo acabar (Lc. 14:28-30).

¡Sea sabio! Considere el costo antes de comenzar a construir. Planifique y suministre sus proyectos hasta el último detalle.

Provisión. Quien planifica eficazmente conoce la Fuente suprema de todo éxito. Al haber hecho tanto a fin de prepararse para esta oportunidad con el rey, podríamos esperar que Nehemías se diera una fuerte palmada en la espalda, un gran "¡Bien hecho, muchacho!".

¿Pero él? ¡De ninguna manera! Como un líder conforme al corazón de Dios, conocía muy bien a la Fuente de su fortaleza y éxito. Se apresuró a darle el crédito a quien lo merecía: "Y me lo concedió el rey, según la benéfica mano de mi Dios sobre mí" (Neh. 2:8).

Su dependencia respecto al Señor era auténtica y la veremos una y otra vez mientras veamos su vida. Fue, en todo sentido, un líder conforme al corazón de Dios, la razón del título de este libro. A lo largo del libro de Nehemías, nunca verá que se lleve el mérito por algo de lo sucedido, pues sabía que el Señor estaba detrás de todo y su humildad era genuina.

Nehemías (copero, hermano y líder) le ofrece un recordatorio constante de que mientras guíe, no debe presumir de las cosas que Dios hace por medio de usted, como si las hubiera logrado por su propia fuerza y sabiduría. Quien planifica con sabiduría sabe que incluso en toda su planificación y en sus oraciones, es Dios en última instancia quien hace que el plan tenga éxito. Solamente un tonto cree que solo él es la razón de su éxito.

El libro de Proverbios confirma la provisión de Dios en nuestras acciones:

Del hombre son las disposiciones del corazón; mas de Jehová es la respuesta de la lengua (16:1).

El corazón del hombre piensa su camino; mas Jehová endereza sus pasos (16:9).

Principios para la planificación

Nehemías, como muchos hombres, no era un soldado ni un maestro religioso. Por eso, para muchos que aspiran al liderazgo (es decir, para quienes no están en el ejército ni son pastores), es el modelo perfecto a seguir. Aunque de ser necesario Nehemías podría pelear, y probablemente podría enseñar, su contribución principal como líder fue en esencia más administrativa. Nos ofrece varios principios valiosos para las cualidades de un buen líder, una es que planificaba bien. La administración:

Implica una vida en común con Dios. La dependencia frecuente de Nehemías de la oración es un indicador importante sobre la importancia que le daba a su relación con el Señor. Sabía que dependía por completo de Él para todo y lo demostraba en la prioridad que le daba a la oración. El orgulloso no puede orar. El autosuficiente no ora. Pero el humilde de corazón debe orar. Nehemías sabía que la única esperanza que tenía para que sus planes tuvieran éxito era Dios. Por tanto, oró.

Involucra personas. Nehemías era un estudiante de la naturaleza humana. No *usaba* a las personas; pero, como verá una y otra vez, las *entendía*. Entendía al rey y cómo acercársele, conocía sus planes y ambiciones, sus problemas y preocupaciones.

Por supuesto, se había convertido en un hombre muy leal, respetado y querido por Artajerjes, pero eso no evitó que fuera muy sabio y sensible en su acercamiento con sus peticiones. Al mencionar sepulcros y puertas, le pintó una imagen de honra a los muertos y de restauración de una sociedad que estaba a punto de ser destruida por falta de protección. El rey, alguien a quien su copero conocía y entendía bien, ¡pudo relacionarlo con la seguridad nacional!

Requiere un conjunto de planes completo. Nehemías se mantuvo enfocado y perseveró. No dejó nada al azar ni se detuvo cuando el rey le otorgó sus peticiones iniciales. Eso no es lo que hace un líder. Luego, siguió hasta que recibió todo lo necesario para terminar el trabajo. Repito: conocía a su rey y sabía hasta dónde podía presionar para conseguir lo que necesitaba.

No conocemos todos los detalles de lo que sucedió alrededor de este tiempo en la historia, en el reino de Artajerjes. Pero fuera lo que fuera, Nehemías lo usó para suplicarle ¡a fin de lograr que estuviera de acuerdo con un conjunto de exigencias casi imposible!

Puede requerir el descuido deliberado de algunas cosas. Nehemías no podía hacer todo: no podía seguir sirviéndole al rey *y* reconstruir el muro. Entonces, escogió centrar su atención en una cosa: la reconstrucción de Jerusalén. Es decir, siguió un curso de "descuido planificado". Escogió "descuidar" otras cosas menos importantes a fin de lograr una cosa: la mayor, la más importante.

Recuerdo una historia sobre un concertista de piano al que preguntaron cuál era el secreto de su éxito. Su respuesta fue algo como: ¡Descuido planificado! Cuando le pidieron una aclaración, describió cómo primero comenzó a estudiar piano. Era joven y muchas cosas exigían su atención. Cada vez que terminaba de cumplir con otras exigencias, regresaba a su música. Al final, esta recibía la menor cantidad de su tiempo, las sobras. Un día, decidió descuidar deliberadamente todo lo demás hasta que terminara su tiempo de práctica. Ese programa de descuido planificado fue el responsable de su éxito.

Lo mismo sucede con usted: no puede hacerlo todo. De hecho, no puede hacer *muchas* cosas. Así que debe implementar una estrategia de "descuido planificado": planificar descuidar proyectos, problemas o actividades no prioritarios a fin de terminar bien las cosas que sean más importantes.

¿Cuál es una cosa que quiere (o debe) terminar o lograr en el futuro cercano? Póngale nombre, haga planes al respecto y planifique descuidar las cosas menores a lo largo del camino. ¿Quién sabe? A lo mejor también podría construir su muro, terminar su proyecto y, ¡hacer que suceda su milagro, tal como hizo Nehemías!

Nehemías habla sobre liderazgo

¿No es evidente que era un hombre apasionado? No podría haber llegado a una posición tan elevada, a menos que hubiera sido dedicado y apasionado en cuanto a su servicio al rey.

Pero quería (y necesitaba) enfocar su pasión en una cosa, en un objetivo nuevo y más digno: reconstruir Jerusalén, la ciudad de Dios. Pasó meses y meses planificando lo necesario, qué decir y qué pedir. Al mismo tiempo, decidió controlar sus emociones, y esperar y orar pacientemente por el tiempo del Señor. No intentó derribar ninguna puerta ni presionó para llegar a la presencia del rey, tampoco intentó apresurar el proceso mediante la manipulación. Pero cuando Dios abrió la puerta y generó la oportunidad, estaba perfectamente preparado para revelarle sus planes bien estructurados al rey, con pasión genuina y persuasión irresistible.

¿Cómo le va en equilibrar su pasión mientras espera el tiempo soberano del Señor? ¿Cómo maneja su gran idea, sueño o causa noble con gracia y paciencia, cuando ya ha planificado y anhela persuadir a otros para que suban a bordo? Siga el ejemplo de Nehemías: temple su pasión con una confianza absoluta en la capacidad de Dios de producir el resultado deseado... en su tiempo.

Aguarda a Jehová; esfuérzate, y aliéntese tu corazón;
sí, espera a Jehová.
(Salmos 27:14)

7

LA MOTIVACIÓN... EXTIENDE SU LIDERAZGO

Entonces les declaré cómo la mano de mi Dios había sido buena sobre mí, y asimismo las palabras que el rey me había dicho. Y dijeron: Levantémonos y edifiquemos. Así esforzaron sus manos para bien.

(NEHEMÍAS 2:18)

El viaje desde Susa fue largo y difícil. Aunque la delegación empezó el viaje durante los meses de la primavera más frescos, el sendero de la caravana estuvo caluroso y polvoriento. Nehemías, el líder del grupo grande, tuvo muchas cosas en mente durante esos meses de viaje difíciles. No estaba preocupado por los bandidos a lo largo del camino. ¿Por qué debería estarlo? ¡El rey había llegado hasta el extremo de darle generosamente una escolta de tropas persas!

Al no tener que ocuparse de esa potencial amenaza, su cerebro se centró en dos preocupaciones principales. La primera era política: cada vez que su grupo pasaba por una nueva provincia, debía detenerse y reunirse con los líderes provinciales para notificarles sobre su nombramiento como nuevo gobernador de Judea y buscar aprobación para atravesar su territorio. Aunque ese protocolo era necesario, también tomaba tiempo y él estaba ansioso por llegar a su destino.

El segundo asunto era práctico: estaba agradecido por el sello de aprobación del rey respecto a su misión y por los recursos que le había provisto. Sin embargo, aún seguía la pregunta sobre la inmensa tarea que había por delante. ¿Cómo pudo pensar él que podría hacer la diferencia? Las condiciones en Jerusalén habían sido muy graves durante casi un siglo. Una y otra vez, se preguntaba: *¿Seré capaz de lograr lo que me propuse hacer? ¿Me estoy metiendo en algo más grande de lo que puedo manejar? Después de todo, nadie ha sido capaz de restaurar la ciudad ni su muro durante varias décadas.*

Estos ejercicios mentales siguieron durante todo el viaje, día tras día, semana tras semana. Los pensamientos siguieron dándole vueltas tras su llegada. Después de tres días de ubicar a sus tropas y a sus sirvientes, decidió inspeccionar los escombros del muro destruido que rodeaba la ciudad de Jerusalén. Quería verificar la situación en su totalidad. Al saber que había fuerzas enemigas que lo rodeaban, decidió hacer esa inspección de noche, para evitar llamar la atención. Debía ver con sus propios ojos el alcance del daño y la cantidad de reparaciones que serían necesarias para restaurar el muro.

Cuando Nehemías terminó su recorrido personal, terminaron sus planes. Lo había anticipado todo el tiempo, pero comprendió la verdad cuando vio el daño por sí mismo. Su inspección había confirmado su sospecha de que, incluso con todos sus recursos personales y los que le proveyó el rey, no podía realizar el trabajo solo. Necesitaría ayuda de las personas de la ciudad y de la zona circundante. Sin embargo, ellas no habían hecho nada respecto a las ruinas durante décadas, lo cual significaba que, en cierto modo, tendría que motivarlas y ayudarlas a entender cuán importante era lograr que Jerusalén estuviera segura, que debían restaurar la ciudad especial de Dios. *Él* estaba emocionado, pero la verdadera tarea surgía ante sus ojos: tendría que hacer que *el pueblo* también se emocionara.

Un ejemplo clásico de motivación

Era 4 de junio de 1940. La Segunda Guerra Mundial había hecho descender a Europa occidental a la profundidad de la oscuridad y el caos. Alemania había invadido brutalmente varios países. Londres estaba siendo bombardeada sin compasión. Inglaterra acababa de lograr un rescate milagroso de su Fuerza Expedicionaria que estuvo atrapada en las playas de Dunkirk (Francia). Con el ejército derrotado, las islas británicas estaban amenazadas por la invasión. En ese momento oscuro de la historia, un hombre bajo y fornido (un líder) llamado Winston Churchill, a quien acababan de nombrar primer ministro de Gran Bretaña, dio lo que se consideró el discurso crucial de la Segunda Guerra Mundial. Mediante este, se las arregló para infundirle fortaleza y confianza al pueblo, y reunió a una nación asediada para pelear y finalmente ganar la batalla. A continuación, veremos parte de su discurso famoso e inspirador:

...no flaquearemos ni fracasaremos. Seguiremos hasta el final. Lucharemos en Francia, en los mares y en los océanos. Lucharemos con creciente confianza y fortaleza en el aire; defenderemos nuestra isla, sin importar el costo. Lucharemos en las playas, en la zona de aterrizaje, en los campos y en las calles, lucharemos en las colinas; nunca nos rendiremos...

Churchill reunió al pueblo que estaba al borde de la desesperación y la destrucción. La nación soportó bombardeos terribles y mucho más. Sin embargo, nunca se rindió. Al final, Gran Bretaña salió victoriosa.

El arte de motivar a otros

La motivación puede definirse sencillamente como incitar a otros a la acción. Eso hizo Sir Winston Churchill. Pero, ¿cómo se hace? Líderes y empresas utilizan dos formas principales de motivación. La primera es la *motivación externa*: se aplica fuerza exterior para lograr un resultado deseado en las personas. Ofrecen recompensas como bonificaciones, vacaciones con todos los gastos pagados a lugares exóticos, oficina de gerente, e incluso las llaves del baño para ejecutivos.

Quienes están en el liderazgo también pueden utilizar motivación externa de maneras negativas: pueden amenazar a los empleados y a los seguidores con la finalización del contrato, reducción de salarios o descensos de categoría.

El problema de la motivación externa, sea positiva o negativa, es que solo obtiene efectos a corto plazo. Todas las bonificaciones o amenazas deben repetirse una y otra vez, y aún más, para hacer que quienes los siguen trabajen más duro para ellos.

También hay la segunda forma de motivación: *intrínseca*. Tiene un impacto más fuerte y duradero porque atrae al hombre interior: el corazón. Este fue el estilo de motivación principal que Churchill usó durante los años oscuros y desalentadores de la Segunda Guerra Mundial. Es cierto, el temor a la invasión siempre estuvo presente, pero apeló al espíritu de lucha del pueblo británico, desafió su orgullo nacional y pidió su ayuda para destruir al mal.

Nehemías usó motivación intrínseca cuando llamó a los residentes locales de Jerusalén y de sus alrededores a reconstruir los muros de la ciudad y a ofrecerle un refugio seguro al pueblo de Dios. Como alguien señaló: "El liderazgo es la capacidad de lograr que una persona haga lo que otra quiere, cuando quiere, de la manera que quiere ¡porque quiere hacerlo!".[19]

Preparar el escenario

El viaje de Nehemías desde Susa hasta Jerusalén cubrió más de 1.450 km. Significa que viajó por lo menos durante dos o tres meses (o quizá más). Artajerjes le dio tropas armadas para su protección y, a lo largo del camino, les mostró las cartas de autorización del rey a los gobernadores de varias provincias.

Su lista para emprender la primera parte de la tarea que Dios le dio podría haberse visto así:

- Obtener el permiso del rey, sin perder mi trabajo ni mi vida.
- Asegurar documentos para el viaje a fin de mostrar que hablo en serio.
- Aplacar a cualquier enemigo potencial, mientras agradezco el suministro de documentación del rey.
- Aceptar su regalo de las tropas armadas; ¡sin duda, allanarán el camino y causarán impresión!

• Hacer el viaje largo y peligroso hasta Jerusalén, y llegar sanos y salvos.

Con todos esos obstáculos y metas tachados de la lista, pronto iba a afrontar retos aún mayores. ¡Enfrentaba un proyecto de reconstrucción que habían abandonado por más de 90 años! De hecho, después de varias oleadas de judíos que habían regresado del exilio, el muro y la ciudad aún estaban en ruinas. El pueblo vivía en modo de supervivencia y nadie había dado un paso para hacer la tarea que tocaba hacer.

Tan pronto llegó a Jerusalén para contemplar y abordar la tarea inmensa de restaurar la ciudad, llegaron noticias de otro reto que debía añadir a su lista. Al parecer, el gobernador de la cercana Samaria, llamado Sanbalat horonita, se "disgustó en extremo que viniese alguno para procurar el bien de los hijos de Israel" (2:10).

Tomar el mando

¿Hay una manera correcta de tomar una posición de liderazgo nueva? Estoy seguro de que habrá visto un gran número de maneras equivocadas de hacerlo. Las personas aman u odian al novato, a quien toma las riendas. Si llega un líder nuevo que "muestra todas las pistolas", ¡alguien resultará herido! Desdichadamente, son quienes normalmente no se merecen el impacto.

Nehemías era el novato, el que debía tomar el mando. ¿Cómo iba a abordar este papel nuevo? ¿Por qué no llegar con mano dura? Después de todo, tenía las tropas, la aprobación, los recursos y la madera del rey. Pudo haber llegado allí el primer día y tomar el control, ¿no?

Sí, sin duda pudo hacerlo. Pero en su mente, sabía que no había forma de compartir con el pueblo de Jerusalén lo que Dios le estaba guiando a lograr sin antes hacer cierta evaluación y planificación personal. Por tanto, se tomó tiempo (tres días) para orar (como siempre), pensar y familiarizarse con algunas personas.

Primero, reclutó algunos hombres de confianza. Después, hizo una inspección cuidadosa de los muros para analizar los problemas que enfrentaba. Lo hizo de noche, de forma sigilosa, al parecer para evitar que otros conocieran sus planes antes de que los hubiera concretado firmemente en su propia cabeza. Durante ese trayecto nocturno, hizo un recorrido en círculo alrededor de la ciudad y de sus muros derribados (Neh. 2:11-16).

Convertirse en un agente de cambio

¿Qué hizo después Nehemías, un líder conforme al corazón de Dios? Su corazón y su misión estaban decididos, sus hechos eran claros. Después, necesitaba motivar al pueblo para que quisiera hacer la obra de restablecer el muro de piedra alrededor de su ciudad. Los historiadores suponen que el muro, para haber rodeado la ciudad por completo, habría tenido aproximadamente 7 kilómetros de circunferencia (muchos arqueólogos creen que el muro finalizado por Nehemías tuvo casi el mismo tamaño y longitud que el muro en la época de Jesús).

Quizá las personas en la época de Nehemías eran como muchos en la actualidad. Hay algo en nosotros que, de forma natural, nos hace querer relajarnos, descansar, sentarnos con un buen libro o ver un buen partido (¡especialmente si nuestro equipo está ganando!). También es nuestra naturaleza preferir el statu quo. Nos resistimos al cambio. Les advertimos a otros: "No vengas solamente a hacer olas, ¿de acuerdo?". Y pensamos para nosotros mismos: *Me gustan las cosas tal como están.* No le damos la bienvenida a la interrupción que causa el cambio, en especial si no vemos la necesidad del mismo.

¿Recuerda nuestra definición de motivación? Es incitar a las personas a la acción, la cual puede incluir hacer que se emocionen ante el cambio. En el caso de Nehemías, primero tuvo que crear insatisfacción antes de poder incitar a otros a la acción. Debía lograr que comprendieran que su situación actual no era buena para ellos. Así lo expresa un líder cristiano:

> Para aumentar la motivación, un líder debe estimular a las personas a sentir insatisfacción con el statu quo... debe mostrarle al individuo cómo ponerse a trabajar con empeño para emprender las acciones ne-

cesarias a fin de lograr el objetivo. Un estímulo importante es avivar en los subordinados el sentimiento de que el éxito puede asegurarse, y que la tarea es importante e implica una medida de progreso. Hay que infundir "esprit de corps" [espíritu de equipo].[20]

La motivación comienza en usted

Crear insatisfacción ante una situación determinada comienza en su propia vida. No puede encender un fuego en el corazón de otra persona hasta que el suyo esté prendido. A fin de motivar a otras personas, necesita saber cómo ponerse en marcha y comenzar a avanzar. Si quiere infundir motivación intrínseca en otros, debe comenzar con su propio deseo interior de avanzar. Primero, debe encender un fuego en su propio corazón.

No hay crecimiento en el statu quo. Una vida de tranquilidad y comodidad puede sonar deseable pero, sin duda, usted se resecará con el tiempo y morirá de forma lenta y progresiva. Su potencial perderá impulso o disminuirá por completo. Por eso, para retar y motivar a otros, primero necesita desafiarse y motivarse a sí mismo. Un reto le hará crecer, probará sus habilidades y afinará su potencial. Puede transformarlo de ser una persona promedio hoy a ser un líder mañana.

¿Cómo puede crear los retos que servirán como combustible para una vida de automotivación?

- Reconozca su necesidad de ser desafiado.
- Busque lo que podría considerarse un reto.
- Identifique el reto y busque consejo en bibliografía, en la Internet o con profesionales.
- Cree actividades para ocuparse de su reto.
- Divida sus actividades en partes que sean lo bastante pequeñas, de modo que no tenga excusa para no abordar su reto.
- Establezca aspectos de verificación para que pueda evaluar su progreso hacia la finalización del reto.
- Recuérdese los beneficios que puede esperar al terminar el reto.

- Reconozca sus limitaciones y establezca metas realistas.
- Aproveche sus picos de energía, esos períodos del día en los que está en buena forma.
- Corra riesgos. No tema abordar algo nuevo.
- Use la motivación negativa recordándose a usted mismo las consecuencias desfavorables del statu quo.
- Establezca fechas límite y cíñase a éstas.
- Haga una distinción sincera entre "No puedo" y "No quiero".
- Comience; no se entretenga.
- Sea optimista. ¡Puede hacerlo!

Nehemías no estaba atrapado en el abatimiento del statu quo. Aunque hasta entonces había vivido en el palacio del rey y le había servido durante algún tiempo, su vida no había sido fácil. Sus deberes y responsabilidades lo desafiaban a diario. Siempre sucedían cosas al servicio de Artajerjes, de modo que debía enfrentar retos con frecuencia. Entonces, cuando llegó a Jerusalén para retar a las personas y asegurar su ayuda, no les pidió que hicieran algo que él no estuviera dispuesto a hacer. Estaba dispuesto a aceptar el reto y a trabajar junto a ellos. Como verá pronto, Nehemías estuvo personalmente al frente para producir los cambios deseados en Jerusalén, un reto tras otro.

Retar al pueblo

Una vez, un expresidente de la Universidad de Columbia afirmó: "Hay tres tipos de personas en el mundo: las que no saben qué sucede, las que observan qué sucede y las que hacen que sucedan cosas".[21] Por supuesto, ¡Nehemías estaba en el tercer grupo! Después de terminar su inspección secreta y desarrollar un plan viable para restaurar la ciudad y el muro, era tiempo de contarle al pueblo judío por qué estaba en Jerusalén.

Para esto, reunió a todas las personas que vivían allí: nobles, oficiales y todos los ciudadanos locales (v. 18). Después, les presentó su plan, con base en lo que había visto y experimentado durante sus tres primeros días allí. ¿Cuáles fueron los elementos de su propuesta ante un pueblo escéptico y desanimado?

Se identificó con el pueblo. Si una tarea vale la pena, debe estar dispuesto a incluirse en el proyecto. Por ejemplo:

* Nehemías no dijo: "No puedo hacerlo yo solo".
* Tampoco dijo: "Observaré el trabajo mientras ustedes lo hacen".
* Utilizó el arma secreta de la motivación y dijo: "Vosotros veis el mal en que *estamos...* venid, y *edifiquemos*" (v. 17).

Definió el problema. Con frecuencia, las personas no están motivadas de forma adecuada porque no entienden el problema. Después de todo, ¡esos vecinos habían vivido en Jerusalén rodeados de condiciones deplorables por más de 90 años! Los habitantes se habían rendido hace mucho y se habían vuelto apáticos ante su situación. Nehemías sabía que el primer paso para cambiar era horrorizarlos con una revisión de la realidad. Señaló y definió el problema: "Vosotros veis el mal en que estamos, que Jerusalén está desierta, y sus puertas consumidas por el fuego" (v. 17).

Desarrolló el plan. A veces, el mejor plan es el más sencillo. Nehemías no bosquejó una detallada heliografía arquitectónica ni una lista sobre cómo hacer el proyecto. Solo se centró en el resultado final: "Venid, y edifiquemos el muro de Jerusalén" (v. 17). No puedo evitar decir: este hombre sabio utilizó el principio de dar instrucciones claras y concisas.

Describió el propósito. Nehemías exhortó al pueblo a actuar, les recordó que los vecinos los despreciaban debido al estado decadente de su ciudad. Al ver su patética situación, se llenaron de desprecio no solo hacia el pueblo judío, ¡sino también hacia su Dios (v. 19)! Nehemías les dio un propósito grandioso: no solo apeló a su celo nacionalista, sino también a su espíritu religioso.

Detalló el poder. Al final, Nehemías reafirmó su reto con otros dos hechos. Primero, le recordó al pueblo que la mano poderosa del Señor había estado con él y seguiría siendo parte de ese proyecto. Segundo, les recordó que actuaba según la autoridad del mayor poder físico de la época: el rey (v. 18). ¿Cómo le fue en su tarea de motivar al pueblo a actuar? Ya lo sabe, ¿no? La Biblia dice: "Y dijeron: 'Levantémonos y edifiquemos'. Así esforzaron sus manos para bien" (v. 18).

Lecciones sobre la motivación

¿Cree enérgicamente en algo, en alguna cosa? Si es así, no tendrá que mirar muy lejos para encontrar a otros que están dispuestos a seguirle. Nehemías creyó enérgicamente en Jerusalén y en el bienestar del pueblo, y encontró personas que se unieron a la causa que promovió. ¿Qué puede enseñarnos este hombre sobre la motivación?

Comienza con usted. Entusiásmese. Cuando lo haga, otros también se entusiasmarán. Si tiene una perspectiva positiva, una actitud de "sí se puede" respecto a la vida y a su misión, otros se unirán alegremente a su aventura. Si demuestra confianza, otros se sentirán confiados al seguirle.

Proviene del interior. Apele al hombre interior. Si sus seguidores captan su visión e interiorizan su causa, permanecerán motivados cuando las cosas se pongan difíciles. Incluso cuando las bombas de los reveses exploten a su alrededor, se quedarán a su lado mientras usted se esfuerza por hacer lo mejor para todos.

Describe oportunidades. Nehemías no se distrajo por la dificultad del proyecto ni por los sacrificios que el pueblo debería hacer mientras reconstruía el muro. Después de todo, había estado inmovilizado por grandes obstáculos durante 90 años. En cambio, dirigió su mirada hacia las oportunidades doradas del futuro. Le ayudó a ver soluciones, no problemas.

Crea una necesidad de cambio. Un líder sabio conoce cuándo es momento de trasladar a las personas de "la zona del statu quo" y llevarlas hacia un reto nuevo. Nehemías señaló el estado deplorable del pueblo, exigió un cambio, y los movilizó a todos para reconstruir el muro y recuperar su espíritu nacional.

Señala recursos. Una cosa es crear una necesidad de cambio y darles a las personas el cuadro general (*por qué* necesitan hacerlo). Pero sin el *cómo*, solo habrá frustración y desánimo. Nehemías motivó al pueblo de Dios a actuar al darles el *cómo*: los recursos que incluían la aprobación y el apoyo del rey. Asegúrese de que cada vez que necesite motivar personas, les dé el *porqué* y el *cómo*.

Extiende su liderazgo. Puede lograr mucho por su cuenta, pero usted solo es una persona, sin importar cuán eficiente, entendido y capaz sea. Por definición, un líder es quien lidera... lo cual significa que tiene seguidores. Pero, ¿qué tipo de seguidores? Y, ¿con qué nivel de intensidad? La motivación enciende a las personas, y las transforma en una fuerza viable y explosiva que puede trabajar en conjunto para cumplir visiones y metas. Es bueno recordar que la incapacidad de motivar a otros es una de las principales razones por las que fallan quienes están en posiciones de liderazgo.

NEHEMÍAS HABLA SOBRE LIDERAZGO

Al dirigir al pueblo de Jerusalén lejos de sus temores y hacia el Señor, Nehemías hizo que fijaran sus mentes en Dios y en lo que Él estaba haciendo por ellos. Su acogida de estas noticias fue increíble. Durante 90 años, cada vez que se enfrentaban a la necesidad de reparar y reconstruir la ciudad y su muro, su respuesta había sido: "¡No se puede hacer!". Después que Nehemías avivó los corazones del pueblo y les dio una razón para tener fuerza y propósito, el pueblo se unió a él y estuvo ansioso por comenzar el trabajo de reconstrucción de las defensas de su ciudad. Ellos fueron incitados a actuar, diciendo y creyendo: "¡Podemos hacerlo!".

¿Qué muros necesita construir o reconstruir en su vida, familia o mundo? ¿Qué tarea imposible se avecina en su horizonte? Vea el ejemplo de Nehemías: comprenda que no puede triunfar solo. Haga su tarea y, después, vaya a las personas que puedan trabajar con usted para que suceda, hágales ver su disposición para participar, exprese su confianza en la capacidad que tienen, consiga su apoyo y después desafíelas a actuar. Como Nehemías, si otros ven la fuerza de su entusiasmo, también serán fortalecidos y actuarán.

La motivación es energía humana, el recurso
más abundante y poderoso sobre la tierra.
Es el combustible que hace andar a todas las
organizaciones sociales, desde naciones y familias
hasta individuos. Nunca se nos puede agotar. Sin
embargo, parece que nunca tenemos suficiente.[22]

8

LA DELEGACIÓN... DESATA
SU LIDERAZGO

Y dijeron: Levantémonos y edifiquemos.
Así esforzaron sus manos para bien.

(NEHEMÍAS 2:18)

¿Cuál era el plan de Nehemías? ¿Qué iba a hacer el copero del rey prestado a Jerusalén? ¿Exactamente cómo abordaría la inmensa tarea (y al parecer, imposible) de reconstruir el muro de siete kilómetros alrededor de la ciudad? ¿No sabía que otros habían abandonado cualquier esperanza de hacerlo durante más de 90 años, que había muchos que creían que simplemente no era posible?

Nehemías sabía todo eso, pero no le detuvo. Le hizo seguir adelante con cautela, pero no debilitó su determinación de reconstruir el muro. Después de todo, Dios había puesto esta noble tarea en su corazón. No escuchó alguna voz del cielo ni lo visitó un ángel, pero sabía en su corazón que estaba haciendo la voluntad del Señor, quien le pedía que lo hiciera. Y sabemos que cuando Él ordena, provee.

La planificación y la oración del líder conforme al corazón de Dios estaban a punto de ponerse a prueba. Pero, ¡un momento! ¿De dónde provino exactamente su plan? Por supuesto, no se desarrolló al vacío. Recordemos que Nehemías era un funcionario destacado en el palacio del gobernante más importante de su época: Artajerjes. Y si era como la mayoría de reyes, participaba en muchos proyectos de construcción. De ser así, es muy probable que Nehemías tuviera conocimiento de primera mano sobre cómo emprender la tarea. Por eso, cuando el rey le preguntó qué necesitaba, fue capaz de darle una lista muy específica de cosas que necesitaba para reconstruir el muro.

Había algunas diferencias muy significativas entre lo que Artajerjes y Nehemías tenían a su disposición. Por ejemplo, el rey tenía una cantidad ilimitada de esclavos para hacer sus proyectos de construcción. En contraste, el copero solo tenía unas pocas personas que habían ido con él. No eran suficientes. Necesitaba la ayuda de los residentes locales. Sin embargo, no podía obligarlos a trabajar con él.

Entonces, ¿qué podía hacer? ¡Reclutar mano de obra local! *Eso no debería ser un problema*, pensó nuestro líder, *pues más de cincuenta mil hombres regresaron en los últimos años. La verdadera clave está en motivarlos. Cuando eso suceda, haré lo que vi hacer en Susa: asignaré diferentes partes del proyecto de reconstrucción a diferentes equipos de trabajo compuestos por lugareños; eso hará que la tarea sea más manejable para todos.*

No sabemos si Nehemías consideró tal estrategia mientras iba camino a Jerusalén o al inspeccionar el muro bajo el abrigo de la oscuridad, durante los tres días previos a su gran discurso motivacional. Sin embargo, era una estrategia que tenía sentido. Además, ¡decidió que a las personas se les asignarían las partes del muro justo donde vivían! La forma en la que planificó qué hacer, las motivó a hacerlo y después, delegar las partes del proyecto hizo que lo aparentemente imposible se volviera muy viable. Su enfoque se parece mucho al de Henry Ford, el gran fabricante de autos, quien dijo: "Busco muchos hombres que tengan la capacidad infinita de no conocer lo que no se puede hacer".[23]

El consejo de un suegro

¿Cómo se sentiría si, en el espacio de pocos meses, pasara de cuidar un rebaño de cientos de ovejas a ser pastor de una multitud de más de dos millones de personas? En esa situación se hallaba Moisés, el líder del éxodo escogido por Dios. En un momento, miraba una zarza ardiente en el desierto, y después estaba de pie ante uno de los hombres más poderosos de la tierra (Faraón) para pedirle que liberara a todos los esclavos hebreos de Egipto a fin de ir al desierto para adorar al Señor. Ese fue solo el principio.

Después que el Señor intervino de maneras grandiosas y sacó al pueblo de Egipto para llevarlo al desierto, Moisés recibió una nueva tarea: guiar a esta gran cantidad de personas hasta la Tierra Prometida. ¿Qué enfoque tomaría para gobernar a tantos mientras iban de viaje a un nuevo país?

No pasó mucho tiempo hasta que Jetro, su suegro, oyó lo que Dios había hecho para liberar a los israelitas. Entonces, viajó desde su casa para reunirse con su yerno. Cuando llegó, observó que Moisés estaba sentado desde el amanecer hasta el atardecer mientras escuchaba las quejas de las personas y juzgaba sus casos. Esto exigía toda su atención y le agotaba, hasta el punto de ser incapaz de hacer algo más. Por tanto, Jetro le dio algunos consejos sabios:

> Además escoge tú de entre todo el pueblo varones de virtud, temerosos de Dios, varones de verdad, que aborrezcan la avaricia; y ponlos sobre el pueblo por jefes de millares, de centenas, de cincuenta y de diez. Ellos juzgarán al pueblo en todo tiempo; y todo asunto grave lo traerán a ti, y ellos juzgarán todo asunto pequeño. Así aliviarás la carga de sobre ti, y la llevarán ellos contigo (Éx. 18:21-22).

Moisés aprendió una lección valiosa sobre liderazgo y, en concreto, sobre delegar: un buen líder no hace cosas que fácilmente puede asignarles a otros. En cambio, delega y, al hacerlo, levanta nuevos líderes. Y más importante aún, esto le dará libertad para estar fresco y ser creativo al hacer las tareas más grandes que requieren su atención. No se quedará atascado en detalles pequeños e innecesarios. El consejo de Jetro liberó a Moisés para hacer lo que más necesitaba hacer.

Una vez, citaron a J. C. Penney, fundador de uno de los mayores almacenes de cadena en Estados Unidos, y que era también un cristiano devoto y franco: "Una de las cualidades que buscaría en un ejecutivo es si sabe cómo delegar adecuadamente. La incapacidad de hacerlo es, en mi opinión (y en la de otros con quienes he hablado al respecto), una de las razones principales por las que fracasan los ejecutivos".[24]

El temor a delegar

Es innegable que el líder que delega trabajo a otros puede a menudo hacerlo mejor y de manera más eficaz. Sin embargo, cuando intenta hacer todo el trabajo solo, termina perdiendo su enfoque y ofreciendo un liderazgo más pobre. Cada líder necesita reconocer que es limitado en tiempo, fuerza y capacidad (¡solo pregúntele a Moisés!). Por eso, es tan importante delegar.

Según el experto en liderazgo Hanz Finzel, no delegar tareas de forma apropiada es uno de los diez principales errores que cometen los líderes. ¿Por qué? A continuación está la respuesta en una sola palabra: *temor*.[25]

Temor a perder el control. Una de las cualidades que con frecuencia se ve en un buen líder es que es de las personas que "se hace cargo", toma decisiones, resuelve problemas. Es quien les ofrece dirección a otros. Esto funciona bien mientras pueda mantener sus brazos alrededor del proyecto. Si es un líder excepcionalmente dotado, podrá envolver con sus brazos a la mayoría de proyectos. Puede surgir algo que casi lo mate a él y a su equipo, pero lo maneja al ejercitar buenas cualidades de liderazgo. Desdichadamente, esos líderes con "problema de control", es decir, incapacidad de delegar y formar equipos, no pueden ocuparse de proyectos muy grandes. Como son incapaces de delegar, limitan su rango de eficacia.

Temor a la incompetencia. En su mayor parte, el líder está donde está debido a sus capacidades. Se abrió camino hacia posiciones altas y ahora, está a cargo. Como sabe qué se necesita para triunfar, es reacio a permitir que otros asuman mucha o cualquier responsabilidad, pues le teme a la incompetencia de otros. Duda de su capacidad en cuanto al manejo del trabajo y teme que deba intervenir después para limpiar su desorden. Al ser bueno en lo que hace, no puede o no va a confiar en que otras personas le ayuden en la tarea de dirigir la empresa.

Temor a perder el reconocimiento. Los individuos se ven obligados a hacer una tarea por muchas razones: algunos se esfuerzan por la siguiente bonificación o aumento, mientras que otros lo hacen por el reconocimiento. ¡Les encanta ser el centro de atención! Les fascina que les digan que hacen un buen trabajo. Está claro, pues, por qué este tipo de líder es reacio a delegar: ¡otros podrían obtener parte de sus elogios y reconocimiento!

Temor a necesitar a otros. El arte de delegar requiere involucrar a otras personas. Es admitir que los demás son necesarios para ayudarle a hacer la tarea. Repito: nuestro "Líder Fuerte por Naturaleza" no quiere ni necesita que otros le ayuden. Como LFN, puede hacerlo solo. Llegó hasta donde está por su cuenta y no necesita que alguien más le ayude, por eso, dirá: "Gracias pero no, gracias". Delegar sugiere una necesidad de otros. "No necesito ayuda. Puedo soportarlo solo", dice este estoico.

Temor a desprenderse de conocimiento. ¿Cuál es una de las herramientas más poderosas del liderazgo? ¡El conocimiento! Si usted sabe algo que yo no sé, puede controlarme o dirigirme con base en eso. Por eso, se dice con frecuencia que el conocimiento es poder. Si un líder lo cree, será reacio a transferirles parte de ese conocimiento/poder a otros. Ah, podría dar pedazos o trozos de su conocimiento para lograr una tarea, pero se aferrará con fuerza al conocimiento más esencial para asegurarse de retener tanto poder como pueda. Desdichadamente, como hace esto, quienes trabajan a su lado se frustran y es probable que fracasen porque no se les da todo lo necesario para lograr resultados exitosos.

Una perspectiva sobre delegar en el Nuevo Testamento

Antes de ver más de cerca el proceso de Nehemías para delegar el trabajo, veamos algunos ejemplos de delegación en el Nuevo Testamento.

Jesús, el maestro de la delegación. Sabía que sus días en la tierra estaban contados. También sabía que antes de su muerte, resurrección y regreso al cielo, necesitaba preparar a otros que continuaran el trabajo que había comenzado. Por eso, escogió y entrenó a los 12 discípulos. Justo antes de su ascensión, les dio este mandato:

> Por tanto, id, y haced discípulos a todas las naciones, bautizándolos en el nombre del Padre, y del Hijo, y del Espíritu Santo; enseñándoles que guarden todas las cosas que os he mandado; y he aquí yo estoy con vosotros todos los días, hasta el fin del mundo (Mt. 28:19-20).

El apóstol Pablo y la delegación. La delegación debía ser el mandato para la iglesia del Nuevo Testamento, según el apóstol Pablo. Debía conocer un liderazgo compartido en el que se delegaran tareas, según Efesios 4:11-12: "[Cristo] constituyó a unos, apóstoles; a otros, profetas; a otros, evangelistas; a otros, pastores y maestros, a fin de perfeccionar a los santos para la obra del ministerio, para la edificación del cuerpo de Cristo".

Si es un líder, es vital que equipe a otros para liderar. Si es un seguidor, es crucial que desarrolle sus dones espirituales para que quienes están en liderazgo puedan delegarle el trabajo del servicio con base en sus dones.

Su delegación en el hogar. Como esposo, aprenda a confiar en su esposa y a delegarle la responsabilidad de dirigir el hogar en su ausencia. Como padre, entrene a sus hijos en las habilidades necesarias para dirigir un hogar. Después, delegue esas tareas y supervise su finalización.

Comenzar la tarea imposible

¡Estamos listos para regresar a Nehemías! Una tarea tan enorme como reconstruir los muros de Jerusalén, especialmente bajo condiciones adversas, requería habilidades organizacionales inusuales. El plan y su ejecución están en Nehemías 3. No dice que él haya sido quien dividió este gran proyecto en partes manejables. Sin embargo, es difícil creer que las personas tomaran la iniciativa y se organizaran en los grupos de trabajo que repararon partes específicas del muro. Según el informe previo, supongamos que Nehemías delegó la tarea de reconstruir el muro. Delegar va más allá de motivar. Motivar es crear un deseo; delegar es apuntar hacia una dirección.

El proceso de delegar puede verse al leer frases como "junto a ellos" y "al lado de ellos" más de 20 veces en Nehemías 3. Además, notará que cada párrafo se enfoca en una de las diez puertas de la ciudad (la puerta de las ovejas, la del pescado, etc.). Si consulta mapas de la ciudad antigua, verá que Nehemías estableció 42 equipos para trabajar alrededor de toda la ciudad.

A continuación, veremos algunos puntos clave acerca de cómo delegó:

Las tareas se hicieron cerca de los hogares de las personas. Nehemías era consciente de que los enemigos merodeaban cerca, así que asignó a las personas para que trabajaran en las secciones del muro más cercanas a sus casas. Sabía que si empezaba una pelea, cada uno querría defender su casa y familia de inmediato. Además, establecer las tareas de esta manera podría reducir la cantidad de tiempo que tenían para viajar de su casa al trabajo. Esto también permitió que cada cabeza de hogar involucrara a su esposa y a sus hijos, haciendo que el trabajo fuera un esfuerzo familiar.

Las tareas se hicieron según la vocación. Las primeras personas que se mencionan en Nehemías 3 son el sumo sacerdote y sus compañeros (los sacerdotes), quienes trabajaron en la puerta de las ovejas. Estos líderes religiosos estaban particularmente interesados en la puerta más cercana al área del templo, donde les traerían a los animales para las ofrendas sacrificiales. Otros obreros cuyas vocaciones se enumeraron fueron los plateros, los perfumeros y los comerciantes.

Se asignaron tareas a habitantes que vivían fuera de Jerusalén. Incluso quienes vivían en aldeas cercanas se unieron al trabajo. Se les asignaron secciones del muro donde había pocas casas a hombres de Jericó, Tecoa, Gabaón y Mizpa.

¿Cuál fue el resultado de esa delegación? Nehemías dice: "Edificamos, pues, el muro, y toda la muralla fue terminada hasta la mitad de su altura, porque el pueblo tuvo ánimo para trabajar" (4:6).

Nehemías habla sobre delegar

Una de las maneras de ser un líder fuerte y eficaz es delegar. A continuación, veremos ocho pasos para recordar cómo Nehemías compartió la cantidad de trabajo con otros:

Paso #1. *Determinar la tarea.* No debería delegar todas sus responsabilidades. Seleccione las que otros pueden terminar con éxito y con menos supervisión de su parte. Nehemías conocía la tarea antes de salir de Susa. De hecho, sabía qué necesitaba hacer, meses antes de llegar a Jerusalén, porque oró y planificó con anticipación.

Paso #2. *Examinar las tareas.* Evalúe cada tarea y decida qué capacidades, formación y dones son necesarios. ¿Puede darle toda la tarea a una sola persona o a un equipo? ¿Necesita asignar personas específicas para proyectos específicos? Nehemías les pidió a las personas que asumieran la responsabilidad de la parte del muro más cercana a sus hogares o lugares de trabajo.

Paso #3. *Seleccionar al liderazgo.* Elija a la persona con el mayor conjunto de capacidades, formación, experiencia y dones necesarios para terminar la tarea o ser el líder que pueda asegurar que otros terminen el proyecto. Al leer Nehemías 3 en la Biblia, notará que se mencionan nombres específicos respecto a la sección del muro en la que trabajaron. Eran los líderes de familias o clanes.

Paso #4. *Educar a sus líderes.* Motive y prepare de forma apropiada a sus delegados para hacer la tarea. Asegúrese de que entiendan tanto como usted sabe sobre la tarea que deben hacer. No hay detalles en cuanto a qué instrucciones pudo haberles dado Nehemías (si es que dio alguna), pero según parece los líderes supieron qué y cómo hacerlo.

Paso #5. *Guiar a los líderes*. Presénteles un cuadro, sea real o mental, sobre cuál es su visión para el proyecto. Entregue el trabajo para que otros lo hagan y no los asfixie con su supervisión. Identifique puntos o fechas clave en las que quiera hacer retroalimentación sobre su progreso. Parece que Nehemías lo hizo, porque en cierto momento informó que la muralla "fue terminada hasta la mitad de su altura" (4:6).

Paso #6. *Autorizar a los líderes*. Deles la autoridad y los recursos necesarios para terminar el trabajo con éxito. Cuando Nehemías les aseguró a los líderes el apoyo del rey y les dio provisiones, tomaron el control y cumplieron con las responsabilidades que se les asignaron.

Paso #7. *Confiar en los líderes*. Fomente la independencia, no recupere el control. Deles a otros la libertad de fallar, o como dicen las personas: "Deles suficiente cuerda para que se cuelguen por su cuenta", por así decirlo.

Paso #8. *Evaluar el progreso*. Usted conoce sus resultados deseados. Después, necesita preguntarse: ¿avanza la tarea hacia mis metas deseadas? Si no es así, ¿qué correcciones intermedias podría sugerir? Si las cosas van según el plan, anime, elogie y ofrézcale su apoyo continuo a su equipo de liderazgo. Identifique las medidas o resultados que utilizará para determinar si el proyecto se terminó con éxito: ventas realizadas, clientes atendidos, etc. En el caso de Nehemías, la medida fue la culminación del muro en 52 días, menos de dos meses. ¡Qué hazaña tan increíble! Delegar lo hizo posible, junto con la "benéfica mano" del Señor (Neh. 2:8).

"El mejor ejecutivo es quien tiene bastante sentido para escoger buenas personas que hagan lo que él quiere que hagan, y el suficiente autocontrol para evitar entrometerse mientras ellos lo hacen".[26]

NEHEMÍAS HABLA SOBRE LIDERAZGO

Nehemías no vaciló al renunciar al control de la supervisión diaria de los equipos de construcción. Parecía ser un líder que consideraba el panorama completo, lo cual solo fue posible porque estuvo dispuesto a delegar.

¿Cómo están sus capacidades para delegar? ¿Se identifica con algunos de los temores mencionados anteriormente? Nunca será un líder fuerte hasta que aprenda a delegar de forma apropiada.

¿Ya está convencido? Resumamos los resultados de la delegación de Nehemías:

1. Aumentó su eficacia.
2. Fomentó el desarrollo del liderazgo.
3. Le animó a compartir sabiduría.
4. Distribuyó la carga de la responsabilidad.
5. Redujo las presiones del liderazgo.
6. Fomentó la toma de decisiones.
7. Promovió el crecimiento personal.
8. Permitió la diversidad.
9. Aseguró su éxito (4:6).

El líder que crea, delega y avanza hacia una mayor actividad creativa, se encontrará guiando a otros. La incapacidad de delegar ha demostrado una y otra vez ser la razón más común del fracaso en el liderazgo.[27]

9

EL ÁNIMO... APOYA SU LIDERAZGO

Y nuestros enemigos dijeron: No sepan, ni vean,
hasta que entremos en medio de ellos y
los matemos, y hagamos cesar la obra.

(NEHEMÍAS 4:11)

Nehemías estaba contento con el avance del pueblo respecto a la reconstrucción del muro. *A pesar de las amenazas continuas de sus enemigos, se enfocaron y siguieron con su trabajo,* se maravilló. Para él, estaba claro que los residentes de Judea entendían su sentido del deber y la necesidad de terminar este importante proyecto.

Sin embargo, las amenazas siempre estaban presentes. ¿Qué podía hacer para sostener sus almas y mantener su enfoque? "¿Cómo puedo animarlos en su trabajo?", decía entre dientes mientras se paseaba una y otra vez por las torres estratégicas que habían construido para mantener la vigilancia. *Una cosa es segura* —pensó—. *Puedo seguir orando por la protección de Dios. Además, puedo asegurarme de que los obreros y el enemigo me vean a mí y a mis soldados. Puede que los constructores no sepan que estoy orando por ellos, pero pueden animarse por la presencia visible de mi escolta militar.*

Y efectivamente, mientras él y sus tropas patrullaban los lugares de trabajo, los obreros les miraban con sonrisas. Mientras las amenazas persistían a medida que se construía el muro, Nehemías caminaba y oraba... oraba y caminaba.

Animar a una nación

El pueblo estadounidense estaba aterrado y muy desanimado. Al otro lado del Atlántico, la maquinaria militar alemana se había desplegado por Europa Occidental y amenazaba Inglaterra. Después, el 7 de diciembre de 1941, la nación sufrió un ataque sorpresa en Pearl Harbor y luego, los japoneses invadieron país tras país, isla tras isla en el Pacífico Sur. Según todos los indicadores, parecía que el ejército japonés se preparaba para invadir incluso Australia. Sin embargo, todo eso estuvo a punto de cambiar solo nueve meses después, cuando se dio la batalla de Guadalcanal.

Antes de esa batalla, pocas personas habían escuchado sobre ese sitio, una isla tropical al sudoeste del Pacífico. Pero cuando la batalla terminó, muchas personas en todo Estados Unidos eran conscientes de la defensa de Lunga Ridge el 13 y el 14 de septiembre de 1942.

Merritt Austin Edson fue uno de los héroes olvidados de la batalla por ese pequeño terreno durante los primeros días de la Segunda Guerra Mundial. Su gloria suprema y la batalla, por la que será recordado durante mucho tiempo por los infantes de marina y por un país agradecido, ocurrió en Lunga Ridge [cadena montañosa Lunga], que llegó a conocerse como Bloody Ridge [cadena montañosa sangrienta].

El batallón invasor de Edson, junto con dos compañías del primer batallón de paracaidistas que contaba con unos ochocientos infantes de marina, soportaron repetidamente los asaltos de más de 2500 soldados japoneses, quienes aún no habían sufrido la derrota, y por eso estaban muy confiados en la victoria sobre esa pequeña resistencia. Durante dos días de ataques intensos y sanguinarios, el coronel Edson recorrió las líneas de batalla con frecuencia y se expuso al fuego enemigo mientras animaba y reafirmaba a sus tropas jóvenes, formadas en su mayoría por chicos en sus últimos años de adolescencia. Los hombres de Edson soportaron 256 bajas, pero su resistencia firme y sacrificial aseguró la toma de esa isla y el comienzo del fin del ataque japonés.

Preparar el escenario

Cuando escuché por primera vez sobre el coronel Edson y su liderazgo durante la batalla en Lunga Ridge, no pude evitar pensar en Nehemías. La resistencia valiente del coronel me recordó los esfuerzos diligentes del copero por animar a su pueblo asediado mientras resistían contra los enemigos que rodeaban Jerusalén durante el período en que reconstruyeron el muro. Llegó el tiempo en el que todo parecía ir bien en el proyecto de reconstrucción. Casi todos trabajaban juntos, hombro con hombro, unidos por su objetivo. Había avance, el muro tomaba forma. Sin embargo, la oposición inicial del enemigo (2:19) comenzó a acelerarse a medida que la realidad del proyecto comenzaba a consolidarse. Primero, hubo burlas (4:2-3); después, comenzaron a tramar un ataque contra el pueblo de Dios (vv. 7-8).

La herramienta del desánimo

Es un hecho: no puede oír y relacionarse con amenazas y negativismo sin que algo de esto se le pegue en forma de desánimo, uno de los mayores enemigos del progreso. El desánimo ha evitado que se terminen incluso algunos de los mayores avances. Incluso ha entorpecido la determinación del líder más fuerte y de su pueblo.

Se cuenta la historia extravagante de una gran venta benéfica de artículos de segunda mano que organizó el diablo. Mostró con esmero muchas de sus herramientas para la inspección pública, cada una con su etiqueta del precio. Incluyó herramientas muy conocidas como odio, envidia, celos, engaño, mentira y orgullo, entre otras. Pero aparte, como un objeto especial, había uno con un precio mucho más elevado que el resto. Un comprador señaló esa herramienta aparentemente inofensiva, pero muy gastada, y le preguntó: "¿Cómo se llama y por qué su precio es tan alto?".

"Esto es desánimo", le contestó el diablo. "Y, ¡la razón de su alto precio es que me es más útil que todos lo demás! Con esta herramienta puedo forzar el corazón de un hombre cuando ni siquiera puedo acercarme con alguna otra cosa. Una vez adentro, puedo lograr que haga lo que yo quiera. Está muy gastada porque la uso casi con todo el mundo. Pocas personas saben que me pertenece".

Razones del desánimo

El desánimo había impedido que el pueblo de Judea reconstruyera su ciudad durante más de 90 años. Aunque sabían que habían sido milagrosamente repatriados a su tierra y que Dios había prometido restaurar su nación, todavía estaban congelados por la inactividad. Sin embargo, Nehemías transformó su largo y profundo desánimo en entusiasmo. Y más importante aún, lo convirtió en esperanza. Al comienzo, les infundió optimismo en cuanto a la provisión del Señor y les dio un sentido de amor propio renovado para que sus enemigos no los percibieran como débiles y vulnerables.

Pero ahora ese espíritu de confianza estaba amenazado. El pueblo se estaba desanimando como respuesta a las amenazas de sus enemigos (vv. 10-14). A continuación, veremos algunas razones por las que se desanimaron. Probablemente, pueda identificarse con muchas, o incluso, con todas.

Cansancio. "Las fuerzas de los acarreadores se han debilitado" (v. 10). El verbo "debilitar" significa "tropezar, tambalearse". Trabajar día y noche agotó al pueblo a nivel físico. Desdichadamente, cuando usted está cansado a nivel físico, es más propenso a deprimirse, desanimarse o darse por vencido. Se dice que el famoso entrenador de fútbol americano Vince Lombardi, exentrenador de los Green Bay Packers [Los empacadores de Green Bay], afirmaba: "¡El cansancio nos acobarda a todos!".

Pérdida de entusiasmo. "El escombro es mucho" (v. 10). Con su fuerza física debilitada, los constructores comenzaron a perder su optimismo y, por tanto, su entusiasmo para hacer el trabajo. Normalmente, el punto medio es el momento más crucial para cualquier proyecto y los obreros ya lo habían pasado. Su celo inicial menguó y comenzaron a quejarse. Al comienzo, el pueblo no se quejó por los escombros. Ahora, con la mitad del muro terminado, sin duda, ¡debía haber menos escombros! Sin embargo, el problema no estaba en los escombros, sino en su actitud.

Pérdida de visión. "No podemos edificar el muro" (v. 10). Al principio, el pueblo tenía gran motivación para construir el muro. Nehemías les convenció de que podían hacer lo imposible. Les dio una meta, una dirección, una razón de ser. Pero con el tiempo, la visión se desvaneció. Una pérdida de dirección siempre es una gran razón para el desánimo, y le puede suceder a cualquiera. Perder el camino puede crear una sensación de desesperación y desesperanza. Este sentimiento negativo tiene muchos nombres, como crisis de la mediana edad o agotamiento y, en casos graves, depresión. Estas personas perdieron de vista por qué estaban trabajando. Su miopía no era física, sino mental y emocional. Ya no podían visualizar un muro terminado, solo podían ver los escombros que aún estaban en el terreno.

Pérdida de optimismo. Los obreros de Nehemías oyeron comentarios negativos por parte de sus enemigos. Muy pocas personas pueden permanecer optimistas cuando están rodeadas de negativismo. También oyeron rumores intimidatorios sobre cómo el enemigo planificaba atacarlos: "Y nuestros enemigos dijeron: 'No sepan, ni vean, hasta que entremos en medio de ellos y los matemos, y hagamos cesar la obra…' nos decían [quienes traían malas noticias] hasta diez veces: 'De todos los lugares de donde volviereis, ellos caerán sobre vosotros'" (vv. 11-12).

Una forma en que puede evitar que una persona negativa le desanime es evitarla a toda costa. El ánimo es importante porque nos mantiene avanzando. Una actitud positiva es contagiosa. Si es propenso al desánimo, rodéese de personas que le animen y permita que se le pegue su optimismo.

Pérdida de confianza. "No temáis delante de ellos" (v. 14). Durante 90 años, el pueblo se había estancado en el temor. Después, llegó Nehemías y alivió sus temores. Comenzaron el trabajo de reconstruir el muro con la completa confianza en que Dios los protegería. Luego, se acobardaron otra vez por las amenazas del enemigo. Se olvidaron del Señor y de su capacidad de protegerlos, apartaron sus ojos de Él y empezaron a mirar alrededor, a su posición precaria (¡parece que el diablo utilizó su herramienta del desánimo!).

Pérdida de motivación. Desdichadamente, el movimiento hacia adelante no siempre es perpetuo. La primera ley del movimiento de Newton, que dice que un cuerpo en movimiento permanecerá así, no se aplica a las emociones humanas. Todas las fuerzas negativas alrededor del pueblo judío lo llevó de nuevo al pozo de la desesperación, justo donde estaba cuando llegó Nehemías: ¡a la inactividad! Nehemías estaba a punto de perder el control de la situación. ¿Cómo manejaría los temores, preocupaciones y actitudes poco sanas del pueblo?

Nehemías anima al pueblo

¿Qué podía hacer para asegurar un alto nivel de optimismo continuo entre el pueblo? Después de todo, si perdía el impulso, sería difícil volver a entusiasmarlo. El avance se detendría y las condiciones podrían volver a ser las mismas del pasado humillante. ¿Cómo podría ayudar a animar la gente?

Nehemías tenía opciones. Por una parte, podía ignorar el desánimo y esperar que se fuera. Desdichadamente, es como un neumático desinflado mientras conduce: puede ignorarlo y seguir conduciendo (pero no se va a inflar solo), o puede parar y arreglarlo. Eso fue exactamente lo que hizo Nehemías. Al ser el líder, ¿cómo "arregló" al pueblo? ¿Cómo los animó? ¿Cómo les infló la moral? Sigamos para conocer su propuesta sobre el manejo del desánimo.

Actuar. Nehemías pudo ver que el pueblo se estaba desanimando, así que emprendió acciones decisivas. Primero, hizo lo que siempre había hecho en el pasado cuando se avecinaba una crisis: ¡oró! Muchos ven la oración como no-acción. Muchos racionalizan que la oración es como quedarse con los brazos cruzados. Creen que es una pérdida de tiempo. Sin embargo, Nehemías sabía que estaba en una batalla espiritual. El primer paso hacia la acción respecto a esto y a todo lo que enfrentaba era orar.

Hasta este momento, le había hecho tres oraciones al Dios soberano:

> Oración #1. Cuando oyó las noticias sobre Jerusalén y su condición desesperada, oró durante cuatro meses pidiendo *dirección* (1:5-11).

> Oración #2. Después de cuatro meses de oración, cuando el rey lo confrontó, elevó una oración rápida pidiendo *fortaleza y sabiduría* (2:4)

> Oración #3. Al enfrentarse ante un enemigo que se burlaba del pueblo judío y planificaba atacarlo, oró por *protección y castigo justo* contra quienes amenazaban el proceso de construcción. Puso el asunto ante el Señor. Para él, la oración era la prioridad principal (4:4-5, 9).

Equilibrar sus opciones. Nehemías no se detuvo con la oración. Satisfecho al haber consultado primero con Dios sobre el problema, emprendió acción estratégica. Así es como un líder mantiene las cosas en equilibrio apropiado. Orar y no hacer nada no es más que aprovecharse del Señor; actuar sin orar indica falta de fe. Nehemías oró *y* actuó, encontró el equilibrio perfecto. ¿El resultado? "Pusimos guarda contra ellos de día y de noche... Entonces por las partes bajas del lugar, detrás del muro, y en los sitios abiertos, puse al pueblo por familias" (4:9, 13).

Involucrar a las personas. Al conocer el temor de su pueblo, siguió actuando al involucrar a las personas en su propia supervivencia. ¿Qué hizo? "Puse al pueblo por familias, con sus espadas, con sus lanzas y con sus arcos... Los que edificaban en el muro, los que acarreaban, y los que cargaban, con una mano trabajaban en la obra, y en la otra tenían la espada. Porque los que edificaban, cada uno tenía su espada ceñida a sus lomos, y así edificaban" (4:13, 17-18).

Nehemías centró la atención del pueblo lejos de sí mismo para ponerla en el enemigo, lejos de su desánimo y autocompasión para pensar en la meta de guardar su tierra natal.

Conocer a las personas que lidera. Cuando la carga estuvo demasiado pesada, Nehemías supo que necesitaba aligerarla. Entonces, detuvo el trabajo y no comenzó de nuevo hasta que pasó la amenaza inmediata del enemigo y del desánimo (v. 15). A veces, la mejor manera de animarse a sí mismo o a las personas que están con usted es tomarse un día libre. Es un remedio comprobado para manejar el cansancio. Hay un viejo lema griego que dice: "El arco se rompe si lo mantiene tensado todo el tiempo". ¿Siente que las personas que lidera se están desanimando? Quizá sus arcos, y el suyo, están demasiado tensos.

Comunicar. Los grandes líderes saben cómo animar a quienes guían mediante discursos inspiradores y motivacionales, pero hay muchos líderes calificados que no están dotados con un carisma natural de oradores. Sin embargo, aún pueden inspirar a las personas. Por lo que podemos decir, Nehemías no dio un gran discurso. Nos narran que "[miró], y [se levantó] y [les dijo] a los nobles y a los oficiales, y al resto del pueblo..." (v. 14). Solo dijo lo que debía decir. Usted puede hacer lo mismo, las personas a quienes guía necesitan sus palabras de ánimo. Podría ser algo tan simple como: "¡Sigan con la buena obra!", o "¡Están haciendo un gran trabajo!". O como Jesús dijo: "¡Bien hecho!".

Volver a enfocar. Increíblemente, el pueblo estaba preocupado por los *escombros* que estaban alrededor de su proyecto de construcción. Necesitaba volver a enfocar su atención para mirar al Señor. Entonces, Nehemías le recordó quién era Él y su grandeza, y le pidió: "Acordaos del Señor, grande y temible" (v. 14). Muchas personas que están desanimadas piensan principalmente en una sola cosa: en ellas mismas, ¡y aquel pueblo no era la excepción!

Recordar. Michael Griffiths escribió un libro en la década de 1970 titulado *God's Forgetful Pilgrims* [Los peregrinos olvidadizos de Dios], con el subtítulo *Recalling the Church to Its Reason for Being* [Recordarle a la Iglesia cuál es su razón de ser].[28] El autor le recordó su llamado a la Iglesia. Como Griffiths, Nehemías sabía que necesitaba recordarle al pueblo cuáles eran las razones de sus sacrificios, sabía cuándo infundirles una dosis fresca de motivación. De nuevo, apeló a la responsabilidad intrínseca que tenía de proteger a quienes no podían defenderse. Los exhortó: "Pelead por vuestros hermanos, por vuestros hijos y por vuestras hijas, por vuestras mujeres y por vuestras casas" (v. 14).

Al comentar las acciones de Nehemías, un escritor dijo: "Saber cómo diagnosticar un declive en la moral, y ser capaz de animar y motivar eficazmente a nuestros compañeros de trabajo, sea en una empresa grande o en una iglesia, en un hospital o en el campo misionero, es uno de los factores importantes del liderazgo exitoso".[29]

¿Cuál fue el fruto de sus acciones para animar al pueblo? "Y cuando oyeron nuestros enemigos que lo habíamos entendido, y que Dios había desbaratado el consejo de ellos, nos volvimos todos al muro, cada uno a su tarea" (v. 15).

Tratar el desánimo

Las acciones de Nehemías ofrecen un gran modelo para tratar el desánimo en otros. Es importante entender que este no hace distinción de personas ni de rangos, es contagioso y se contrae fácilmente. ¡Incluso usted podría tener un caso así hoy! Para un individuo, el desánimo es un problema paralizante; para un líder, es letal. Por tanto, es vital tratarlo cuando surja. A continuación, presento algunas maneras en las que puede tratar el desánimo en su propia vida:

Reconocer la fuente. Es el diablo. Siempre tendrá que enfrentarse a presiones que fácilmente podrían fomentar el desánimo. El enemigo de su alma no quiere algo mejor que sacarlo del juego y verlo en el banquillo. Lo trágico es que no es Dios quien lo pone ahí.

No, ¡es *usted*! Usted es quien se sienta con un desánimo inmovilizador. Entonces, debe dar el siguiente paso y...

Resistir la tentación. Es fácil tener pensamientos negativos. Al igual que las personas que construían el muro, usted solo ve escombros y se siente abrumado ante la tarea. Comienza a pensar: *No puedo hacerlo, nunca lo terminaré. Este proyecto tiene demasiadas cosas que están en contra de él... ¡y de mí!* ¿Qué le dice Santiago que haga cuando llegue la tentación? "Resistid al diablo, y huirá de vosotros" (Stg. 4:7).

Recuperar su relación. ¿Apartó los ojos de su Salvador? El apóstol Santiago no solo nos exhorta a resistir al diablo, sino a dar el siguiente paso: "Acercaos a Dios, y él se acercará a vosotros" (v. 8). Usted obtiene su fuerza para liderar de Él. Si esa relación ha sido ahogada, su confianza y determinación también se han visto afectadas. Un líder sabio permanece cerca de su Señor.

Apartar a quienes esparcen semillas de desánimo. Una cosa es discrepar, pero cuando se promueve el negativismo excesivo, es momento de manejar el desacuerdo. En vez de permitir el pensamiento negativo y las opiniones negativas, pida opciones positivas para todos y cada uno de los problemas, ¡realmente son oportunidades en espera de resolución!

Recordar su poder. Como cristiano, tiene el poder de Jesucristo que actúa en y mediante usted. Recuerde la promesa de Filipenses 4:13, le asegura que todo lo puede en Cristo que lo fortalece. También, recuerde el poder de las personas que trabajan con usted. Quizá no está delegando adecuadamente. El poder de *usted* es ilimitado si no limita el poder y la capacidad de las personas para contribuir en la realización del trabajo.

Reorientar su dirección. ¿Perdió de vista sus metas y dirección? La única cura para tal desánimo es reorientarse pensando por qué comenzó su proyecto. Es de esperar que haya involucrado a Dios en su plan inicial, que creyera que el plan era su voluntad. Si lo hizo, entonces, ¿por qué unos problemas deberían evitar que siga creyendo y desarrollando el plan con su entusiasmo inicial?

Responder al ánimo de otros. A menudo, creemos que nadie nota nuestro desánimo, pero los más cercanos sí lo hacen, así como el rey notó la tristeza de Nehemías. Cuando otros opinen, no rechace el ánimo que le dan. Un líder sabio reconoce sus propias limitaciones y tendencias, y permite que otros le ayuden a afirmar estas áreas. Acepte el consejo de la Biblia: "Antes exhortaos los unos a los otros cada día, entre tanto que se dice: 'Hoy', para que ninguno de vosotros se endurezca por el engaño del pecado" (He. 3:13).

NEHEMÍAS HABLA SOBRE LIDERAZGO

Nehemías animó al pueblo a mirar al Señor y a recordar su grandeza. Fortaleció la confianza de las personas al invitarlas sabiamente a tener el enfoque correcto, les dio esperanza y las retó a un mayor proceder. Se mantuvo firme con ellas durante el proceso de reconstrucción. Su fortaleza se convirtió en la fortaleza del pueblo, y juntos creyeron que harían lo imposible.

Un buen líder sostiene la esperanza al ofrecer palabras de ánimo y acciones de apoyo. Piense en un momento cómo puede seguir el ejemplo de Nehemías. ¿Quién necesita hoy una palabra o una acción de ánimo de su parte: un familiar, compañero de trabajo, miembro de su iglesia o quizás alguien en su barrio? Un poco de ánimo puede contribuir en gran manera para iluminar el alma de otra persona y motivarla a continuar.

Su actitud positiva afecta a todos los que le rodean,
determina mucho más que sus expresiones: su estado de
ánimo, eficacia, modo de pensar, comunicación, acciones
y destino. ¿Qué tan positiva es su actitud?[30]

10

LA RESOLUCIÓN DE PROBLEMAS... REFINA SU LIDERAZGO

Entonces lo medité, y reprendí a los nobles
y a los oficiales, y les dije: ¿Exigís interés
cada uno a vuestros hermanos?

(NEHEMÍAS 5:7)

Pasaron varias semanas desde que comenzó el trabajo de reconstrucción del muro. Nehemías estaba extremadamente animado por el avance. A pesar del breve ataque de desánimo y del corto período para descansar, las cosas iban bastante bien. De hecho, al inspeccionar la construcción, estaba satisfecho porque habían unido el muro, ¡no había agujeros muy grandes!

—¡Capataz! ¿Cuál es su opinión sobre el avance que llevamos? —le preguntó.

El capataz, un ingeniero de confianza que había traído desde Persia, se detuvo por un momento, como si estuviera haciendo algunos cálculos de última hora en su cabeza.

—Según mis cálculos, el muro está a la mitad de la altura que tendrá cuando se termine —dijo.

Antes de tener tiempo para disfrutar esta buena noticia, uno de sus sirvientes llegó corriendo y se detuvo para recuperar el aliento antes de poder hablar. De inmediato, Nehemías notó la expresión de preocupación que había en su rostro.

—Sé que ésa es la expresión de malas noticias. ¿Cuál es el siguiente problema que necesitamos resolver? —le preguntó.

El enemigo desde adentro

Una noche, mientras alternaba entre mis dos canales favoritos de televisión, Weather Channel [El canal del clima] y History Channel [El canal de la historia], escuché una entrevista con Peter Tompkins.

Según el segundo canal, en 1944 la Oficina de Servicios Estratégicos (OSE) reclutó a Peter Tompkins (corresponsal del *New York Herald Tribune* [La tribuna del heraldo de New York] y del *Columbia Broadcasting System* (CBS) [Sistema de Radiodifusión de Columbia]), para ir a Italia como agente secreto. La OSE era una agencia de inteligencia estadounidense que se formó durante la Segunda Guerra Mundial y fue la precursora de la *Central Intelligence Agency* (CIA) [Agencia Central de Inteligencia]. Esta agencia se formó con el fin de coordinar actividades de espionaje tras líneas enemigas para las diversas ramas del ejército estadounidense.

Tompkins era una elección obvia. Como hablaba italiano con fluidez y tenía habilidades periodísticas, podía escuchar, observar y transmitir información valiosa para planificar la invasión de Italia. Más adelante, después de la guerra, publicó su diario, un libro titulado *A Spy in Rome* [Un espía en Roma], donde describió los acontecimientos que llevaron a la toma de Roma por parte de los aliados. Detalló los juegos del gato y el ratón que él y la resistencia italiana mantuvieron con la Schutzstaffel (SS) [Escuadrón de protección] alemana. En varias ocasiones, estuvo cerca de la captura.

Lo que llamó mi atención fue su comentario sobre la verdadera amenaza para la seguridad de sus equipos de espionaje. Para mi sorpresa, dijo que no fueron los alemanes, sino ¡las personas italianas! Como temían tanto por sus vidas, traicionaban fácilmente a cualquiera, si eso podía ayudar a su propia situación desesperada. Como resultado, Tompkins relató que los equipos no podían confiar en nadie, lo cual hacía que su trabajo como espía fuera aún más peligroso de lo normal.

Preparar el escenario

En el capítulo anterior, vimos cómo Nehemías manejó el desánimo, producto de influencias externas. Si lee su Biblia y sigue las experiencias de este líder según el corazón de Dios, sabe que nos acercamos a Nehemías 5. Aquí, no se mencionan los tipos de molestias que Nehemías encontró en los capítulos anteriores. Sin embargo, aún tenía problemas a mano. Enemigos como Sanbalat, Tobías y Gesem observaban mientras surgían divisiones y conflictos al interior de la comunidad judía. Podrá imaginar que todos estaban encantados con el desacuerdo que había y brindaban por su buena fortuna con el vino del día. Sabían que las peleas internas podían lograr lo que ellos no habían sido capaces de hacer: detener el proceso de reconstrucción.

Nehemías, al igual que Peter Tompkins, experimentaba casi el mismo tipo de amenaza, no a nivel externo, sino interno ¡por parte de su propio pueblo! Como sucedió con los italianos y Tompkins, ¡los judíos se habían convertido en el enemigo desde adentro!

Para ser más precisos, los nobles judíos se habían convertido en la molestia del equipo de Nehemías. Las Escrituras señalan: "Pero sus grandes [los ricos] no se prestaron para ayudar a la obra de su Señor" (3:5). Su compromiso con el trabajo era insignificante y tenían lealtad hacia Tobías, uno de los principales enemigos de Nehemías (6:17-19).

Ahora bien, incluso sin la ayuda de los nobles, las cosas comenzaban a mejorar. El muro había avanzado, pero un problema subyacente estaba a punto de surgir. Tras años de derrota y desánimo, la tierra de Judea estaba en ruina económica. Incluso bajo condiciones "normales", la pobreza y la hambruna eran demasiado comunes y con el enfoque intenso en la reconstrucción del muro, las personas eran incapaces de trabajar en los campos lo suficiente como para sostenerse ellas y sostener a sus familias. Tres grupos fueron golpeados con una dureza particular. Después de un tiempo, se acercaron desesperados a Nehemías:

Primer grupo. Eran los obreros que trabajaban en los campos o quienes tenían empleos en la ciudad. Como tenían familias, tenían una necesidad urgente de alimento. No tenían propiedades con las cuales pedir prestado dinero para comprar comida y sus recursos se acababan gradualmente mientras trabajaban en el muro. Estaban al borde de la rebelión, diciendo: "Hemos pedido prestado grano para comer y vivir" (5:2). Al leer entre líneas, su desesperación podría traducirse como: "Si no nos dan algo de comida, ¡la tomaremos por la fuerza antes de ver morir de hambre a nuestras familias!".

Segundo grupo. Estas personas tenían pequeñas propiedades, pero se vieron obligadas a pedir prestado dinero para comprar comida (v. 3). Debido a la presencia de fuerzas enemigas que los rodeaban y a la necesidad apremiante de mano de obra para reconstruir el muro, se estaba desarrollando una hambruna y estos pequeños propietarios de terrenos sufrían. Por la historia y por la Biblia, se sabe que los judíos tenían un fuerte vínculo con la propiedad familiar, así que tener su tierra y casas embargadas sería una tragedia nacional.

Tercer grupo. Estas personas habían pedido dinero prestado para pagar sus impuestos prometiendo sus cosechas, las cuales no habían producido lo suficiente para pagarles a sus acreedores. Por tanto, habían perdido sus campos y viñedos. La vida y las finanzas se habían vuelto tan difíciles que incluso se vieron obligados a vender a sus hijos como esclavos (vv. 4-5).

Lucha interna: Un problema antiguo

Una vez, dibujaron a un conocido personaje de historietas llamado Pogo sobre una piedra con una postura al estilo George Washington. Tenía un sombrero de papel como los del periodo de la guerra revolucionaria estadounidense, sostenía una pequeña espada de madera en su mano extendida y exclamaba fuertemente: "Conocimos al enemigo y, ¡somos nosotros!".

Su declaración ilustra la idea de que, con frecuencia, somos nuestro peor enemigo. La lucha interna ha existido desde los primeros grupos. A continuación, veremos cómo algunos hombres, y líderes, de la Biblia manejaron el problema de la lucha interna:

Abraham. El padre del pueblo judío es un ejemplo de un líder según el corazón de Dios. Génesis 13 relata la historia de un problema que ocurrió entre sus pastores y los de su sobrino Lot. Podría catalogar esta pelea como la primera guerra por el campo que se registró. Abraham vio que esta lucha interna no podía continuar. Él y Lot eran invitados de los cananeos y de los ferezeos (v. 7). Si este problema no se manejaba de forma adecuada, se convertiría en un escándalo que amenazaría con manchar el nombre de Dios, pues sus anfitriones sabían que Abraham le adoraba. Entonces, calmó la tensión al ofrecerle a Lot que escogiera de la tierra que estaba disponible. Le permitió escoger la mejor tierra de pastoreo de la zona y aceptó el resto para él. ¡Problema resuelto!

Pedro. Este apóstol fue clave para resolver un problema grave en la Iglesia primitiva. El cristianismo comenzó como una rama del judaísmo. Durante algunos años, muchos convertidos fueron descendientes judíos, pero después que Pedro recibió una visión del Señor y Él lo envió al hogar de un gentil para hablar del evangelio, toda una casa de gentiles se volvió cristiana (Hch. 10). Entonces, comprendió que Dios también quería atraer a los gentiles a Cristo. Durante ese periodo, perseguían a la iglesia en Jerusalén, lo cual hizo que los cristianos se dispersaran por tierras gentiles y así, difundieran el evangelio.

Años después, hubo un desacuerdo que iba en aumento en la iglesia de Jerusalén. Algunos decían que los verdaderos creyentes debían vivir según la ley de Moisés, es decir, los creyentes gentiles debían seguir ciertas prácticas judías, inclusive la circuncisión. Sin embargo, otros decían que la salvación era solo por gracia del Señor, lo cual hacía innecesario que los gentiles siguieran ciertas leyes y tradiciones judías. Puede leer la historia completa de esta batalla de fe en Hechos 15.

Pedro, el judío de judíos, se levantó y dijo que antes había tenido temor en cuanto a acercarse a los gentiles con el evangelio. Sin embargo, para su sorpresa, ellos también habían recibido al Espíritu Santo como respuesta a su predicación. El apóstol Pablo ofreció también una defensa al afirmar que la salvación era solo por gracia. Como resultado, los apóstoles y los ancianos afirmaron que los gentiles podían recibir la gracia de Dios de la misma forma que los judíos. Concluyeron que fueran judíos o gentiles, todos eran salvos solo por la fe en Jesucristo. El discurso de Pedro fue un momento decisivo para el avance del evangelio.

Pablo. Aunque era judío, tenía un ministerio extensivo hacia los gentiles. Algún tiempo después de la importante reunión en Jerusalén que se narra en Hechos 15, Pedro visitó la iglesia donde Pablo ministraba. Mientras estuvo allí, Pedro se relacionó libremente con los gentiles en la iglesia, como un hermano. Después, algunas personas llamadas judaizantes (quienes sentían que los creyentes gentiles debían seguir las leyes y costumbres judías) llegaron a Antioquía. Aunque parezca increíble, Pedro quería la aprobación de esos judaizantes, así que se apartó de la comunión con los creyentes gentiles, aunque sabía que eran iguales en Cristo. Al ser un líder destacado, su mal ejemplo influyó en otros, de modo que también evitaron a los gentiles. Realmente, fue un período oscuro en la historia del evangelio. ¿Cómo manejó Pablo la pelea y la división, siendo un líder de esta iglesia?

Podría haberse sentido intimidado por Pedro, pero se negó a ignorar el problema. Lo encaró de frente. Con completa claridad, confrontó al gran apóstol Pedro, quien se arrepintió de sus acciones hipócritas y reconoció la verdad del evangelio: que la gracia salvadora de Cristo se extendía a todo el que creyera. Puede leer todo el relato de Pablo al respecto en Gálatas 2:11-14.

Resolver el problema de la lucha interna

Con estos ejemplos bíblicos frescos en mente, regresemos a Nehemías. En el capítulo anterior, leímos que resolvió problemas que surgieron de amenazas externas. En este capítulo, vemos que enfoca su atención en los problemas internos.

Cuando Nehemías escuchó sobre las aflicciones de estos tres grupos de personas destituidas, se enojó mucho (Neh. 5:6). ¿Por qué? Porque parte de la culpa de la situación desesperada de esas personas estaba en manos de sus hermanos judíos ricos (vv. 1, 7). Los nobles y los gobernantes se habían aprovechado de los pobres al cobrarles intereses excesivos sobre el dinero que les prestaban. Nehemías lo llamó "usura".

Según la ley mosaica, los judíos tenían prohibido cobrarse entre sí intereses por el préstamo de dinero, alimentos o cualquier otra cosa. Dios les exigía que les dieran lo necesario como regalo a los desposeídos. Si los pobres podían pagar el préstamo más adelante, el prestamista no debía cobrarles ningún interés. Solo podían cobrarles intereses a los extranjeros, no a sus hermanos judíos.

¿Puede ver por qué Nehemías se enojó con los nobles y con los gobernantes? Con tal división y luchas internas tan descontroladas, no es de sorprender que hubiera tan poco avance en la reconstrucción del muro. Se enfrentó a un problema muy difícil. ¿Debería ponerse de parte de los ricos e influyentes? Después de todo, necesitaba su apoyo o, ¿debería ponerse de parte del "hombre pequeño"? ¿Era Nehemías un hombre del pueblo o no? ¿Qué debía hacer? A continuación, veremos cómo resolvió el problema.

Definió el problema con cuidado (vv. 1-5). Primero, Nehemías tuvo que detenerse y escuchar las quejas del pueblo. Normalmente, los problemas surgen en el momento más inoportuno y esta no fue la excepción. Estaba ocupado con un proyecto de construcción inmenso y el enemigo merodeaba justo tras los escombros. ¿Cómo podía tomar tiempo para escuchar? Sin embargo, como un líder astuto, sí tomó tiempo. Sus prioridades eran: el pueblo, primero, y el proyecto, segundo. Es probable que imaginara lo que podía suceder si el problema quedaba sin resolver. Comprendió que fácilmente podría terminar con una revuelta en sus manos o, al menos, en una huelga drástica durante el proceso de reconstrucción.

Al escuchar a todos los participantes, Nehemías comenzó a tener un panorama más claro de la raíz del problema: no era la hambruna (solo era un síntoma de un problema mayor), sino el dinero o, ¡la avaricia! Los ricos se aprovechaban de los pobres, cobrándoles tasas de interés sin considerar lo prescrito por la ley mosaica. No debería sorprendernos que esto produjera quejas y frustración. Cuando se trata de liderar a personas, necesitamos estar alerta al hecho de que normalmente muchos problemas tienen que ver, de alguna manera, con el dinero.

Trató el problema con franqueza (vv. 6-7). Algunos líderes están a favor de evitar un problema: lo excusan, lo ignoran, lo redefinen, lo delegan. Hacen todo lo que se les ocurra para evitar enfrentarlo, con la esperanza de que se aleje. Desdichadamente, estos líderes carecen de la fuerza de carácter necesaria para confrontar y resolver problemas. Sin embargo, Nehemías enfrentó el problema de la usura. No se apresuró, sino que se tomó tiempo para pensar. "Entonces, medité y reprendí a los nobles y a los oficiales, y les dije: '¿Exigís interés cada uno a vuestros hermanos?'".

Discutió el problema en detalle (vv. 6-10). Nehemías evaluó el problema a la luz de la Palabra de Dios. Luego, convocó una gran asamblea para hablar con todo el pueblo. Retó a los nobles a obedecer la ley y las normas del Señor, y a restituir lo que habían tomado de sus hermanos judíos. Les exhortó a hacer lo correcto porque sus prácticas avariciosas avergonzaban el nombre de Dios.

Solucionó el problema con éxito (vv. 11-13). Nehemías fue buen ejemplo para todos al comprometerse a hacer préstamos sin cobrar intereses. El buen liderazgo comienza desde arriba. No puede pedirles a otros que hagan algo que no está dispuesto a hacer. Al dar ejemplo y animar enérgicamente a otros a hacer lo mismo, Nehemías fue capaz de cerrar el problema de forma correcta y satisfactoria.

Al final, toda la asamblea dijo "Amén" y alabaron al Señor. Entonces, los líderes hicieron lo que habían dicho que harían: restituyeron todos los intereses de los préstamos y no les exigieron nada a los pobres.

La forma equivocada de manejar un problema

Nehemías demostró la forma correcta en que un buen líder maneja un problema difícil. En cambio, Aarón, hermano de Moisés y segundo al mando, es un triste ejemplo de cómo no manejar los problemas. Mientras su hermano estaba en el monte Sinaí recibiendo los Diez Mandamientos de parte del Señor, él se quedó a cargo del pueblo de Israel. Durante la ausencia de cuarenta días de Moisés, el pueblo se impacientó con un Dios que no podían ver. Querían que Aarón les ayudara a hacer un dios que *pudieran* ver, así que le pidieron a gritos: "Levántate, haznos dioses que vayan delante de nosotros; porque a este Moisés, el varón que nos sacó de la tierra de Egipto, no sabemos qué le haya acontecido" (Éx. 32:1).

Aarón no estaba dispuesto a enfrentar el problema, ni siquiera a intentar persuadirlos de que era una mala idea hacer un ídolo. En cambio, tomó el camino fácil para "resolverlo": ¡cedió! Sin embargo, frecuentemente, la solución más fácil es la incorrecta. Le dijo al pueblo: "Apartad los zarcillos de oro que están en las orejas de vuestras mujeres, de vuestros hijos y de vuestras hijas, y traédmelos… y él los tomó de las manos de ellos, y le dio forma con buril, e hizo de ello un becerro de fundición" (vv. 2, 4).

Aarón resolvió su dilema de una manera irresponsable y cobarde. Como resultado de no manejar el problema correctamente, miles de personas murieron en el juicio de Dios.

La lección del fracaso de Aarón como líder da qué pensar: nos enseña que cada problema debe manejarse con cuidado y valentía. Lo que puede parecer un problema menor puede fácilmente intensificarse en una crisis importante, si no se maneja de forma adecuada. Cuando tenga una dificultad por resolver, trátela como si su solución le fuera a cambiar la vida. ¡Es muy probable que así sea!

La habilidad del líder para resolver problemas

La resolución de problemas es una de las tareas más difíciles que enfrenta un líder. Nunca es "según las cifras" o "según el libro". Cada problema es único. Para manejarlos con éxito, ¡es necesario que piense! Ya sea al decidir qué casa comprar, cuál es la escuela adecuada para sus hijos, el mejor vendedor para su empresa o, sencillamente, dónde pasar sus vacaciones, necesita tomarse tiempo para tomar las decisiones correctas. A continuación, veremos algunos pasos básicos para desarrollar buenas habilidades en cuanto a la resolución de problemas.

Ver cada problema como una oportunidad. Los problemas son el precio del progreso, ya sea tener suficiente dinero para permitirse comprar una casa nueva, tomar unas vacaciones, o la necesidad de encontrar vendedores para su empresa que está en etapa de crecimiento. Una vez que desarrolla la mentalidad de que los problemas son oportunidades, les dará la bienvenida como posibilidades para crecer, los tratará con una actitud que dice: "¡Aquí está mi siguiente oportunidad!".

Estos le dan la oportunidad de pulir sus habilidades de liderazgo. El proceso de resolución puede producir resultados que lo hagan una mejor persona y beneficien a otros. Lo mejor de todo es que le permitirán demostrar su fe y confianza en Dios.

Reconocer el problema. Muchos problemas no se van por sí solos, ¡por eso se llaman problemas! Al verlos como oportunidades, siempre que surja uno, su respuesta inmediata debe ser reconocerlo y admitirlo. A su vez, comenzará el proceso de descubrir qué aventura nueva y grandiosa merodea tras esa dificultad. Al general George S. Patton, el gran líder de la Segunda Guerra Mundial, lo conocían por su capacidad de reconocer un problema y manejarlo. Un biógrafo escribió: "Patton observaba y sacaba conclusiones. Tenía una capacidad asombrosa para llegar al corazón del problema, y después intervenir personalmente para corregirlo. Atendía de inmediato cualquier problema que veía".[31]

Definir el problema. Trate cada problema sin parcialidad. No se intimide por quienes pueden estar causando la dificultad. Su tarea no es apaciguar, sino asegurarse de que la resolución del problema no empeorará las cosas. ¿Recuerda a Aarón? ¿Cuál fue el verdadero problema? En vez de corregir al pueblo y lograr que le respondiera a Dios de forma adecuada, cedió y permitió que adorara un ídolo.

Cuando intenta conocer la causa de un problema, puede que

no siempre le guste lo que va a encontrar, pero eso es parte de ser un buen líder. No debe descubrir el camino de salida más fácil, sino averiguar la verdad. Una vez que ha definido la información verdadera del problema, puede comenzar a avanzar hacia una solución real. Se dice: "Un problema definido está a medio camino ser resuelto". Por tanto, al definir cuál es el problema, va a mitad de camino hacia la solución. Entonces, puede determinar qué hacer después. No se engañe, ¡porque en ocasiones, *usted* puede ser el problema!

Desarrollar soluciones para el problema. Al descubrir la fuente, la causa o los detalles del problema, está listo para definir pasos que debe dar para resolverlo. No olvide que el problema que está enfrentando ha sido ya afrontado por incontables personas antes que usted. Como dice Eclesiastés 1:9, no hay nada nuevo bajo el sol. ¡No reinvente la rueda! A medida que busca soluciones, si es posible, busque el consejo de otros que hayan experimentado el mismo problema y lo manejaron exitosamente.

Resolver el problema. Esto suena fácil, pero no será capaz de hacerlo hasta que recorra el proceso de descubrir en oración y meditación qué pasos correctos debe dar. A medida que compara las consecuencias de sus distintas soluciones, será capaz de determinar cuál(es) funciona(n) mejor, teniendo en cuenta las personas involucradas o el resultado para la organización en general.

NEHEMÍAS HABLA SOBRE LIDERAZGO

Una de las maneras en que un líder se define a sí mismo es por su capacidad de resolver con éxito problemas difíciles. Su fortaleza se determina por su disposición y capacidad de remangarse, meterse en las trincheras y abordar con éxito los problemas más difíciles de la vida. Cuanto más difícil sea, más dispuesto está el líder a participar y ahondar en las trincheras para ofrecer soluciones.

Sin duda, Nehemías demostró sus habilidades para resolver problemas en muchos frentes. Primero, estuvo el problema de reconstruir el muro, sobre el cual trabajó desde que escuchó la noticia en Susa. También estaba la dificultad de la presión externa por parte de enemigos cercanos. Ahora, surgía el problema de las luchas internas entre los nobles y el pueblo.

Como Nehemías, usted enfrentará muchos problemas. No los puede evitar y muchos no los puede delegar. Su liderazgo (o la falta de éste), determinará el resultado final. Necesita dar el primer paso que dio Nehemías: considerar los recursos que tiene para resolver el problema. Desde luego, el mayor de ellos es Dios, el solucionador de problemas supremo. Como Nehemías, comience orando y pídale sabiduría. Después, recurra a sus compañeros en busca de perspectivas, ideas, experiencia y sabiduría. Tómese tiempo mientras evalúa detalladamente sus opciones. Luego, con la mejor información y sabiduría que haya sido capaz de reunir, actúe y confíele los resultados al Señor. Respecto a considerar sus opciones y actuar, el general Patton dijo lo siguiente:

La mejor política es retrasar la decisión tanto tiempo como sea posible a fin de reunir más información. Sin embargo, nunca vacilaremos cuando debamos tomar la decisión.[32]

11

EL MANEJO DE CONFLICTOS...
LE DA DETERMINACIÓN A
SU LIDERAZGO

Se ha oído entre las naciones... los judíos [piensan rebelarse]...
de ser tú su rey... Porque todos ellos nos amedrentaban,
diciendo: Se debilitarán las manos de ellos en la obra...
Ahora, pues, oh Dios, fortalece tú mis manos.

(NEHEMÍAS 6:6, 9)

Nehemías hizo su trabajo. Después de oír el informe sobre las condiciones deplorables en Jerusalén, dedicó su tiempo libre a buscar información registrada sobre la ciudad. Con el tiempo, descubrió comunicados que informaban desde hacía 90 años acerca de la campaña de difamación que había asediado la comunidad judía alrededor de Jerusalén.

En efecto, el conflicto ancestral entre los judíos y sus vecinos había sido a veces despiadado. Un informe describía cómo, durante esa época, los vecinos rodearon la ciudad y les obligaron a detener el trabajo de reconstrucción del templo. A medida que Nehemías seguía revisando los informes, finalmente, descubrió buenas noticias. Se emocionó al saber que, después de 16 años y a pesar de la oposición continua de los enemigos de la región, Dios intervino milagrosamente, la derrocó y, alabado sea su nombre, ¡terminaron el templo!

Estas verdades le sirvieron como una revisión de la realidad y le dieron esperanza mientras iba camino a Jerusalén. Pensaba con frecuencia: *Me pregunto qué oposición voy a enfrentar. ¿Qué informes difamatorios van a divulgar los enemigos de Dios sobre mí? ¿Qué planes enrevesados tienen para evitar que haga esta gran obra?* Nehemías sabía que al llegar a Jerusalén, habría un avispero político merodeando a su alrededor. Los conflictos del pasado no se habían resuelto. La tensión entre el pueblo judío y sus vecinos aún hervía. *¿Cómo voy a manejar cualquier conflicto que surja?* se preguntaba Nehemías. *Solo Dios puede hacer un milagro para resolver cualquier dificultad que afrontemos. ¡Por favor, Señor!* oró.

La antigua presencia del conflicto

Si busca la palabra *conflicto* en cualquier diccionario, leerá una definición como: "Un estado de lucha abierta, y a menudo prolongada; una batalla o guerra. Un estado de discordia entre personas, ideas o intereses incompatibles u opuestos; un choque, una batalla psíquica, con frecuencia inconsciente, que produce angustia mental y posible hostilidad abierta".

Seamos sinceros: mientras haya pecado en el mundo, el conflicto será un hecho de la vida. Los conflictos y sus guerras resultantes han sido hechos destacados desde el comienzo de la historia registrada. La Biblia documenta su parte de conflictos antiguos con la verdad sin adornos. A continuación, veremos varios:

Caín y Abel. Este conflicto era entre un hombre envidioso y Dios. Caín estaba molesto porque el Señor aceptó el sacrificio que le ofreció su hermano Abel y rechazó el suyo. El problema era entre él y Dios, pero en vez de acercarse a Dios para resolver el asunto, Caín escogió confrontar a su hermano. Parecía que pensaba que la respuesta del Señor era culpa de Abel. En un arrebato de celos e ira, Caín se levantó y le asesinó (Gn. 4:1-8).

Moisés y Faraón. Este conflicto era entre un hombre orgulloso y Dios, quien envió a Moisés a Faraón con la petición de que dejara ir a los israelitas al desierto para que le adoraran. Faraón y el pueblo egipcio se habían vuelto dependientes de los judíos como mano de obra esclava, por eso no quiso cumplir la petición. Además, creía que sus dioses eran más fuertes que el Dios de Moisés.

Su orgullo hizo que rechazara la petición en varias ocasiones. Después de diez plagas y casi la destrucción de la tierra de Egipto y de su pueblo, finalmente cedió, solo para lamentar su decisión. El punto final del conflicto llegó cuando su ejército persiguió a los esclavos que escapaban y fue milagrosamente destruido por el Señor, cuando el mar Rojo se tragó a los soldados y murieron (Éx. 5—14).

María, Aarón y Moisés. Este conflicto surgió a causa de la ambición. El hermano y la hermana de Moisés usaron su matrimonio con una mujer etíope como pretexto para atacar su liderazgo sobre el pueblo de Dios. Tenían envidia de su posición y de su relación con Él, quien se ofendió por sus acciones contra Moisés y castigó a María con lepra (Nm. 12).

Estos solo son algunos ejemplos de los conflictos que se describen en la Biblia. Al mirar de nuevo la vida y el liderazgo de Nehemías, vemos que también experimentó su porción de conflictos. La forma en que los manejó nos dice mucho sobre sus habilidades como líder y nos enseña cómo manejar los conflictos que afrontamos en el hogar y en el trabajo, ahora y en el futuro.

Nehemías enfrentó el conflicto

Sin duda, los esfuerzos de Nehemías por reconstruir el muro de Jerusalén amenazaban el statu quo, especialmente para los enemigos de Dios. Las personas malvadas que rodeaban la ciudad estaban desesperadas por evitar que reconstruyeran el muro, pues querían que los judíos siguieran siendo débiles e indefensos. Siguieron con su conflicto oponiéndose a Nehemías en seis ocasiones usando seis medios diferentes para intentar detener el trabajo en el muro.

1. Ridiculización

Sanbalat, con su ejército samaritano, se alió con Tobías el amonita. Desde una posición de fuerza, se burlaron de los esfuerzos de Nehemías en dos ocasiones distintas (2:19; 4:1-3). Al comienzo, se rieron (2:19). Esta primera respuesta ante la noticia de los esfuerzos de reconstrucción fue en forma de ridiculización y burla. Pero cada día que pasaba y mientras se ponía cada piedra, los enemigos del Señor se pusieron más serios en sus intentos por evitar que reconstruyeran el muro.

La historia ha demostrado una y otra vez que cada vez que se amenaza el statu quo, pronto surge el conflicto. Las personas están cómodas con lo que saben, aunque no sea ideal; en cambio, se sienten amenazadas por lo desconocido. Con frecuencia, la visión y la perspectiva respecto al avance producen risas y burla, como mínimo. Por ejemplo:

> El primer barco de vapor estadounidense necesitó 32 horas para ir desde New York hasta Albany. *Las personas se rieron.* El caballo y el cochecito pasaron al primer auto con motor como si estuviera inmóvil (normalmente lo estaba). *Las personas se rieron.* La primera bombilla eléctrica era tan tenue que las personas debían usar una lámpara de gas para verla. *Se rieron.* El primer avión aterrizó 59 segundos después de despegar. *Las personas se rieron.*[33]

¿Cuál fue la respuesta de Nehemías ante la ridiculización de sus enemigos? "Oye, oh Dios nuestro, que somos objeto de su menosprecio, y vuelve el baldón de ellos sobre su cabeza" (4:4).

2. Amenazas declaradas

Los enemigos de Nehemías, que eran también enemigos de Dios, tenían planes más oscuros que solo quedarse sentados mientras se burlaban y ridiculizaban los intentos del pueblo judío por reconstruir el muro. Mientras progresaba la reconstrucción, intensificaban su oposición amenazando con un ataque militar (4:7-23).

Nehemías dio una doble respuesta a esas amenazas. Primero, situó hombres en las brechas. "Entonces por las partes bajas del lugar, detrás del muro, y en los sitios abiertos, puse al pueblo por familias, con sus espadas, con sus lanzas y con sus arcos"

(4:13). Después, les recordó el poder del Señor a las personas, exactamente quién las protegía y a su vez, a quiénes debían proteger: "Acordaos del Señor, grande y temible, y pelead por vuestros hermanos, por vuestros hijos y por vuestras hijas, por vuestras mujeres y por vuestras casas" (4:14).

3. Distracción

"Sanbalat y Gesem enviaron a decirme: 'Ven y reunámonos en alguna de las aldeas en el campo de Ono'" (6:2). Una de las estrategias militares más eficaces es la distracción o ser engañoso. El objetivo es hacer que su enemigo piense en una dirección mientras usted se mueve en otra. En el mundo empresarial, esto a veces se llama *distracción* o *centrarse en asuntos poco importantes*. Cuando se distrae, pierde su enfoque y termina yendo por la dirección equivocada, lo cual hace que pierda el impulso en cualquier cosa que haga.

Si su oposición o falta de disciplina terminan apartándole de las tareas que tienen verdadera importancia, se perderá el verdadero avance. Por eso, es vital tener metas, pues le permiten revisarse constantemente para ver si se está distrayendo por algo o alguien. Nehemías conocía su meta y nada iba a distraerle, no iba a perder su determinación. Note lo que dice: "[Mis enemigos] *cuatro veces* me enviaron el mismo mensaje, pero mi respuesta fue siempre la misma" (v. 4 DHH). Cuando insistieron, él también lo hizo: no renunció. Dijo: "Y les envié mensajeros, diciendo: 'Yo hago una gran obra, y no puedo ir; porque cesaría la obra, dejándola yo para ir a vosotros'" (6:3).

4. Calumnia

Al fallar en su propósito, Sanbalat y sus conspiradores probaron una nueva estrategia: la calumnia. Enviaron una carta abierta al público, una carta de anuncio, en la cual acusaban a Nehemías de traición: "Se ha oído entre las naciones, y Gesem lo dice, que tú y los judíos pensáis rebelaros... de ser tú su rey" (6:6).

Desdichadamente, la calumnia es a menudo un arma eficaz. Incluso si las acusaciones son infundadas y después se demuestra que eran falsas, su efecto inicial puede causar mucho daño. La calumnia hecha por los enemigos de Nehemías tenía el potencial de cuestionar sus motivos, verter sospechas sobre su integridad y minar su influencia. Aprovecharon un principio psicológico importante: las personas siempre son rápidas para creer lo peor de otros. ¿Como respondió Nehemías? Primero, les envió una carta donde negaba las acusaciones: "No hay tal cosa como dices [Sanbalat], sino que de tu corazón tú lo inventas" (v. 8) y declaró que conocía sus intenciones: "Porque todos ellos nos amedrentaban, diciendo: 'Se debilitarán las manos de ellos en la obra, y no será terminada'" (v. 9). Nehemías no se preocupó en absoluto por la calumnia; sabía que era su forma de intentar detener el avance del muro. De hecho, hizo lo que siempre hacía cuando enfrentaba un problema: oró. No ofreció una oración larga; en cambio, fue breve y al grano: "Ahora, pues, oh Dios, fortalece tú mis manos" (v. 9).

5. Traición

También podría llamar "falso o mal consejo" a este tipo de oposición. Como la carta abierta no detuvo el trabajo, sus enemigos probaron otra táctica: intimidación desde adentro. Contrataron a un falso profeta (v. 12) para que trajera a Nehemías al templo en busca de protección, debido a todas las amenazas contra su vida y reputación (v. 10). Pero, si hubiera entrado, habría profanado la casa de Dios porque él era una persona laica, no un sacerdote. Tal acción habría hecho que todo el pueblo cuestionara su reverencia ante el Señor y, entonces, sus enemigos podrían dar un mal informe sobre su conducta ilegítima (v. 13).

¿Su respuesta? Primero, percibió que el consejo era falso y descubrió lo que intentaban hacer sus enemigos. Entonces oró: "Acuérdate, Dios mío, de Tobías y de Sanbalat, conforme a estas cosas que hicieron; también acuérdate de Noadías profetisa, y de los otros profetas que procuraban infundirme miedo" (v. 14).

6. Subversión

No es para volverse paranoico, pero un líder siempre necesita observar o tener a alguien que cuide su espalda. "¡Excelentes noticias! Terminaron el muro", gritó el mensajero. Nehemías dio un gran suspiro de alivio. ¡Por fin podría tomar un baño! Prácticamente, había dormido sin cambiarse durante más de los cincuenta días de esa terrible experiencia. Apenas podía creerlo: habían terminado el muro en 52 días. *¡Terminado!* E incluso le informaron que al fin, habían humillado al enemigo (v. 16). Ahora, podía relajarse y bajar la guardia, ¿no? ¡Claro que no!

Tan pronto comenzó a regocijarse, escuchó informes de que "iban muchas cartas de los principales de Judá a Tobías, y las de Tobías venían a ellos. Porque muchos en Judá se habían conjurado con él, porque era yerno del sumo sacerdote" (vv. 17-18). A escondidas, enviaban cartas y hacían juramentos, supervisaban sus movimientos y le informaban al enemigo. En otras palabras, una quinta columna, un elemento subversivo ¡estaba en medio de ellos! Los nobles que se habían negado a trabajar y les habían cobrado intereses excesivos a los préstamos intentaban también jugar en los dos bandos.

¿La respuesta de Nehemías? No reaccionó, solo reconoció su complot: "También contaban delante de mí las buenas obras de él, y a él le referían mis palabras. Y enviaba Tobías cartas para atemorizarme" (v. 19).

Principios para el manejo de conflictos

El conflicto es un hecho de la vida. Siempre estará merodeando tras alguna esquina. A menudo, sus sueños y metas encontrarán oposición. Como líder, su tarea es aprender cómo manejar sus conflictos, que siempre estarán presentes y, con frecuencia, serán desagradables.

El siguiente es un punto clave: nunca va a agradarle a todo el mundo. Al único a quien debe agradar es al Señor. Aún así, como líder que sirve a Jesús, comprenda que Él quisiera que usted fuera un instrumento de reconciliación y que esté en paz con todos los hombres (Ro. 14:19) tanto como pueda.

Incluso si tuviera la sabiduría de Salomón y la paciencia de Job, aún tendría que luchar con los conflictos. Como líder, puede esperar que muchos empiecen con sus compañeros y conocidos. ¿Cómo puede resolverlos? Nehemías es un fantástico ejemplo a seguir respecto al manejo de conflictos. A continuación, veremos algunos principios clave que podemos aprender de su ejemplo:

Aceptar el conflicto como una realidad. Mientras haya personas con opiniones, expectativas y metas distintas, siempre habrá conflicto. Por tanto, espere desacuerdos y no los ignore cuando surjan. Cuando Nehemías partió hacia Jerusalén, probablemente previó que enfrentaría conflictos. Después de todo, había leído sobre los antiguos resentimientos que se habían avivado entre el pueblo judío en Jerusalén y los vecinos circundantes.

Comprender que un conflicto no tiene que producir resultados negativos. La mayor parte del tiempo vemos los conflictos como algo negativo. Los temperamentos estallan, las relaciones se ponen a prueba o, incluso, se rompen. Surgen pocas cosas buenas, o ninguna, a partir de los desacuerdos. Sin embargo, un conflicto no debe considerarse como algo malo: puede producir crecimiento y energía que pueden canalizarse hacia una dirección nueva o mejor. Por ejemplo, suponga que dos científicos tienen un conflicto debido a una teoría nueva. Si se puede canalizar hacia una dirección unificada, pueden lograr un mejor resultado que si cada científico trabaja por su cuenta. Su tarea como líder es manejar el conflicto para canalizarlo hacia una dirección positiva.

Confrontar el conflicto con rapidez. Con frecuencia, el conflicto es resultado de problemas sin resolver en las relaciones. Por eso, vaya a los que causan el conflicto, aborde cualquier problema con una mente abierta, manéjelo de frente, cara a cara y hágalo con rapidez. Permanezca centrado y haga de la resolución una de sus prioridades principales. Como dijo Jesús: "Por tanto, si traes tu ofrenda al altar, y allí te acuerdas de que tu hermano tiene algo contra ti, deja allí tu ofrenda delante del altar, y anda, reconcíliate primero con tu hermano, y entonces ven y presenta tu ofrenda" (Mt. 5:23-24).

Determinar el origen del conflicto. ¿Cuál es la razón del conflicto? ¿Qué lo causó? ¿Qué le hizo llegar a un punto crítico? Cuando determina la causa, puede manejarla, en vez de tratar los síntomas. En muchos casos, un conflicto puede resolverse cuando ambas partes están dispuestas a resolver la batalla de forma pacífica y cordial. A continuación, veremos las causas de muchos conflictos en:

- El matrimonio: dos personas egoístas que quieren salirse con la suya.
- Los negocios: dos empleados rivales que discuten sobre quién tiene la mejor idea.
- El vecindario: dos vecinos con ideas diferentes respecto al perro que ladra.
- La teología: dos eruditos que creen que su propia interpretación de las Escrituras es la correcta.
- Las relaciones: orgullo, envidia o enojo que no admitirá maldad alguna.
- La iglesia: lucha de poder entre miembros que discuten sobre si deben hacer algo (¡incluso un asunto tan trivial como el color de la pintura para el salón de fraternidad!).

En el caso de Nehemías, los conflictos que exigían su atención eran más que superficiales. No se trataba de asuntos sencillos como el color de la pintura. De hecho, el odio era la fuente de los conflictos que enfrentaba. Sabía que no debía intentar tratarlos por su cuenta. Como siempre y al ser un hombre de oración, le pidió a Dios que interviniera y se ocupara de los enemigos de su nación.

Cuando surja el conflicto, haga que la oración sea también su punto de partida. Después, dé el siguiente paso:

Mantener el conflicto bajo control. Restrinja la disputa a quienes puedan ser parte de la solución. Si tiene un conflicto con otra persona, véase con ella en privado. No implique a otros si eso puede minar relaciones. Cuando se trata de conflictos entre creyentes, Jesús dio un claro patrón a seguir:

> Por tanto, si tu hermano peca contra ti, ve y repréndele estando tú y él solos; si te oyere, has ganado a

tu hermano. Más si no te oyere, toma aún contigo a uno o dos, para que en boca de dos o tres testigos conste toda palabra. Si no los oyere a ellos, dilo a la iglesia (Mt. 18:15-17).

Encontrarle una solución al conflicto. Si se involucra en el manejo del conflicto con la mentalidad de que no hay desacuerdos que no puedan resolverse, va bien en su camino hacia una solución. Cuando las personas están dispuestas a resolver los problemas juntas, las cosas se mueven hacia una conclusión positiva.

En general, las personas quieren paz, pero la quieren según sus propios términos. No siempre hay un deseo común de resolución. Su tarea como líder es crear un ambiente en el que se necesiten el menor número de personas para solucionar los problemas con éxito. Cuando se enfrente a problemas y desacuerdos entre relaciones, debe actuar como árbitro y pacificador. Sin embargo, de ser necesario, también debe actuar como juez y dar un veredicto que ayude a ponerle fin al conflicto.

NEHEMÍAS HABLA SOBRE LIDERAZGO

Nehemías enfrentó una oposición increíble durante sus dos períodos como gobernador. La pelea que con frecuencia se producía a su alrededor habría hecho que un hombre de menos valía se rindiera. Pero él no era cualquier hombre, era el varón de Dios: un líder conforme a su corazón. Fue capaz de manejar el conflicto mediante oración, sabiduría, un agudo sentido de propósito y discerniendo el dónde y el porqué del conflicto. Al enfrentar a sus enemigos, comprendió que la reconciliación no era posible debido a su odio arraigado por los judíos. Entonces, necesitó confiar en el Señor para ver más allá.

Los conflictos vendrán en todos los tamaños y formas. Afortunadamente, es probable que sus conflictos no sean tan graves como los que encontró Nehemías. Por supuesto, al igual que él, orar por sabiduría es un deber. Tres cualidades que le ayudaron a él, también le ayudarán a usted mientras maneja sus conflictos:

Carácter. Es integridad bajo el fuego. En varias ocasiones, se desafió el carácter de Nehemías y en cada caso, quedó validado al 100%. Su fuerza de carácter provenía de su amor y entendimiento de la Palabra de Dios, ya que ponía en práctica lo que aprendía de las Escrituras. Sabía lo que muchos líderes cristianos olvidan: cuando descuida el estudio de la Biblia, pierde el ancla para su carácter. Entonces, cuando su carácter va a la deriva, pierde su capacidad de discernir con precisión y de actuar en medio de los problemas que le confrontan.

Confianza. La confianza de un hombre es fruto de su carácter, es lo que le da fuerza para cumplir con sus labores y con los propósitos del Señor. Nehemías confiaba en su propósito. Por tanto, nunca dudó de su misión, incluso cuando estuvo bajo fuego extremo. Nunca perdió la confianza en el llamado de Dios para su vida y, como resultado, fue capaz de manejar los múltiples conflictos que tuvo que afrontar. Si permite que el conflicto (sea personal o colectivo) distraiga su enfoque de sus responsabilidades y tareas asignadas, puede perder su confianza.

Valentía. No es *ausencia* de temor; más bien, es el *control* sobre el mismo. En varias ocasiones, Nehemías tuvo oportunidades para derrumbarse en derrota, como resultado de los múltiples conflictos que enfrentó. Sin embargo, se mantuvo firme y confió en el Señor en medio de ataques, calumnias y subversión.

Carácter, confianza y valentía. Son los tres pilares que sostendrán su capacidad de manejar el conflicto. La ausencia de alguno de ellos disminuirá su eficacia. Como un hombre conforme al corazón de Dios, querrá cultivar estas tres características. Entonces, será un líder exitoso que podrá manejar el conflicto a la manera y con la fuerza del Señor.

12

LA VISIÓN... LE DA DIRECCIÓN A SU LIDERAZGO

*Si le place al rey... envíame a Judá, a la ciudad
de los sepulcros de mis padres, y la reedificaré.*

(NEHEMÍAS 2:5)

¡Por fin! ¡Está listo, terminado! ¡Toda la gloria sea para Dios!
Cuando Nehemías (que a estas alturas estaba ojeroso, agotado y sucio) vio el muro terminado, sus emociones se dispara-
ron; quería celebrarlo. Según todos los cálculos, habían logrado
lo imposible. Contra todo pronóstico, el pueblo se unió, trabajó,
se sacrificó y logró lo impensable.

*¡Apenas puedo creerlo! Batallamos constantemente contra la inti-
midación, las amenazas y el abuso verbal durante 52 días. Mantuvi-
mos vigilancia día y noche en el muro durante casi tres meses. Nunca
me he sentido tan agotado. Lo que muchas personas dijeron que no
podía hacerse, finalmente se terminó. Hay mucho que agradecerle al
Señor.*

Entonces, ¿qué debía hacer ahora Nehemías? Podría reaccionar como lo hacen algunas personas en la actualidad: detenerse
ahí mismo y sacar provecho de su logro, escribir un libro de éxito
de ventas titulado *Cómo reconstruir su muro*, o hablar al público y
compartir su historia sobre el triunfo y su propuesta para construir
muros. Podría tomarse unas vacaciones junto al mar o sentarse
para descansar y relajarse. Después de todo, se lo merecía, ¿no? Su
cuerpo podría aprovechar algún cuidado amable después de todo

lo que había soportado, o incluso podría anunciar sus habilidades en otras ciudades que luchaban y necesitaban de su pericia.

O su reacción emocional podría haberse inclinado hacia otra dirección: podía haber tenido una decepción enorme, como la de un guerrero que ya no tiene más batallas que pelear; sentir que ya no tenía un propósito, que no había alguna razón para seguir avanzando. Esto les sucede a los líderes que tienen visión miope: nunca ven más allá de su problema actual y más urgente. Cuando termina la tarea, se sienten perdidos hasta que encuentran un proyecto nuevo, una causa diferente. Sin embargo, ese no fue el caso de Nehemías, el cual tenía planes más grandes que únicamente reconstruir el muro.

Como ya hemos visto, era un hombre conforme al corazón de Dios. De ninguna manera podía dormirse en los laureles ni sucumbir ante algún tipo de desilusión. Su plan maestro exigía etapas y fases, así que construir y reparar el muro solo era el principio. Se atrevió a ver más allá del problema más urgente, de la necesidad de tener un muro sólido y terminado. Cuando resolvió el problema, alabó al Señor, lo celebró con el pueblo, y después no perdió tiempo: se sumergió en el siguiente proyecto que había planificado y que beneficiaba al pueblo de Dios. Su objetivo también era reconstruir la ciudad, revitalizar la cultura judía y reavivar el orgullo de la nación.

No enfocarse en el futuro

En su libro *Los líderes: Sus 10 errores más comunes*, Hans Finzel presenta "no enfocarse en el futuro" como el error número diez que cometen los líderes. Afirma: "Si el liderazgo se trata del futuro, lo peor que un líder puede hacer es tener temor al futuro. Nuestros métodos actuales ya son obsoletos, así que constantemente pulimos, mejoramos, escuchamos y aprendemos. Puede que otros teman, pero quien lidera debe enfrentar con valentía el futuro". Después, el autor cita la siguiente carta, escrita por un futuro presidente de los Estados Unidos, que quería ponerle freno al futuro de la expansión del ferrocarril:

31 de enero de 1829

Para: El presidente Jackson

Como bien sabe, Sr. Presidente, los vagones "ferro-viarios" se mueven a la monstruosa velocidad de 24 km/h gracias a "motores" que, además de poner en peligro la vida de los pasajeros, rugen y braman por el campo, le prenden fuego a las cosechas, asustan al ganado, y espantan a mujeres y niños. Sin duda, el Todopoderoso nunca quiso que las personas viajaran a tales velocidades suicidas.

Martin Van Buren
Gobernador de Nueva York[34]

Los grandes líderes tienen visión

Si mirar en retrospectiva le da una visión perfecta, prever le da una visión ilimitada. Pensar en el futuro le da el horizonte y más.

Debido a su potencial, pocas cosas son más importantes para fortalecer su liderazgo que la visión. Los buenos líderes planifican para el futuro, prevén que algo especial o mejor está ahí, ven lo que otros no pueden ver, y anticipan. Llámelo imaginación, crea-tividad o un sentido natural sobre la posibilidad de lo que podría suceder si... Sin importar cómo lo llame, estos líderes especiales (sean pocos o muchos) piensan hacia adelante. El futuro puede ser vago e indefinido en el momento, pero no evita que estos vi-sionarios miren hacia adelante con expectación.

Los grandes líderes del pasado han sido casi siempre visiona-rios. Algunos fueron conquistadores como Guillermo el Conquis-tador, Alejandro Magno, Julio César, Atila el Huno y Napoleón; otros fueron pensadores como Sir Isaac Newton y Albert Eins-tein; y otros fueron inventores como Thomas Edison y Alexander Graham Bell.

También hay visionarios de negocios en la actualidad como Bill Gates de Microsoft y el difunto Steve Jobs de Apple. Todos estos individuos (del pasado y del presente) tienen algo en común:

ya sean tierras por conquistar, problemas científicos por resolver, nuevos productos por inventar o sistemas operativos mejorados para computadoras, ¡todos tenían una visión!

Dos hombres que fueron visionarios

¿Alguna vez ha sido parte de la minoría respecto a opiniones sobre una gran idea que tuvo? Usted cree en su plan con todo su corazón y está convencido de que es el camino correcto a seguir. Es una oportunidad que no se puede perder. Sin embargo, ¿por qué sucede que, debido a solo un problema diminuto o a una pregunta sin resolver, nadie en el equipo de supervisores está de acuerdo?

Bueno, bienvenido al mundo del Antiguo Testamento de Josué y Caleb. Probablemente recuerde su historia...

Los hijos de Israel se asentaron a los pies del monte Sinaí durante un año, después de su éxodo de Egipto. Mientras estuvieron allí, Moisés recibió los Diez Mandamientos y los detalles para construir el tabernáculo de adoración. La intención inicial del Señor era introducir al pueblo a la tierra prometida por una ruta directa, un viaje de solo 11 días (241 km) desde el monte Sinaí hasta la zona temporal para entrar al que pronto sería su hogar permanente. Como el pueblo acampaba cerca de las fronteras de la tierra prometida, Moisés le pidió a cada tribu que eligiera a un líder para ir a espiar la tierra antes de que Israel comenzara su invasión (Nm. 13:2).

Después de 40 días de recorrer la tierra de un lado a otro, los espías regresaron con sus informes de primera mano. Diez de ellos dieron un informe que no era bueno: expresaron lo evidente diciendo que la tierra era exuberante y fértil, pero después describieron a las personas que vivían allí como demasiado fuertes. Afirmaron que algunos eran como gigantes y que, en comparación, ellos se veían como "langostas" (v. 33).

En cambio, Caleb, el cual no estaba de acuerdo con el informe de la mayoría, dijo: "Subamos luego, y tomemos posesión de ella; porque más podremos nosotros que ellos" (v. 30). Luego, cuando el temor y la frustración aumentaron en el corazón del pueblo, Josué (el otro disidente) agregó este apoyo visionario: "Si Jehová se agra-

dare de nosotros, él nos llevará a esta tierra, y nos la entregará…
Por tanto, no seáis rebeldes contra Jehová, ni temáis al pueblo de
esta tierra… y con nosotros está Jehová; no los temáis" (14:8-9).

Diez hombres solo veían gigantes y derrota; dos veían victoria.
Diez estaban aterrados; dos eran intrépidos. Diez solo vieron fracaso; dos vieron el futuro de Dios. Trágicamente, como el pueblo
se puso de parte de los diez tímidos, el Señor no le permitió entrar
a la tierra a toda la generación que salió de Egipto. Durante los
siguientes 40 años en el desierto, murieron en medio de sus dudas,
sin experimentar las bendiciones prometidas para quienes creían
en su promesa y poder.

Sin embargo, Josué y Caleb, los cuales eran visionarios y con-
fiaron en Él, fueron líderes que experimentaron su victoria, junto
con la generación siguiente. Tristemente, quienes carecieron de
fe, influenciaron y condenaron a toda una generación a vagar en
el desierto hasta sus muertes.

¿Qué de usted? ¿Fomenta fe… o temor? ¿Crea duda… o da
dirección? El relato sobre los diez espías llenos de temor confirma
el proverbio que dice: "Sin profecía [o visión], el pueblo se desen-
frena" (Pr. 29:18).

Características clave de una visión

Es de esperar que comprenda la importancia del pensamiento
visionario. Por tanto, con esto en mente, veremos algunas características clave que debe poseer una visión (o un resultado deseado):

Debe sentirse profundamente. Cuanto más fuertemente cree un
visionario en una causa, misión o sueño, es más probable que
sea capaz de emocionar e involucrar a otros. Si él mismo no está
dispuesto a hacer sacrificios, ¿cómo puede esperar que otros los
hagan? Este fue uno de los elementos clave de la fortaleza de Nehemías: vio la situación difícil del pueblo, su alma se avivó y creó
un plan para ayudarlo.

Debe ser compartida. Si no se hace nada al respecto, una visión
solo es un sueño. Si un líder puede comunicar de forma adecuada

su visión, puede convertirse en una fuerza motivadora poderosa. Su pasión no puede ser simplemente un lema que cuelga de la pared o que se grita de vez en cuando, ni un sueño en su cabeza. Si esa visión va a tener forma, si va a volar, si va a ser útil y va a marcar la diferencia, debe ser desarrollada y transmitida a otros. Compartir una visión emocionante para que los impulse a actuar es un elemento del liderazgo exitoso.

Debe inspirar. Un visionario debe avivar emoción en quienes lo escuchan e inspirar entusiasmo, creencia y compromiso. La visión del líder es aún más poderosa y puede convencer a los demás de sus beneficios para ellos y otros. En el mundo empresarial, probablemente los empleados entiendan que producen bienes a fin de hacer dinero para los dueños de su empresa y pagar sus propios salarios. Pero, cuando se les da la visión de cuán importantes son esos bienes para la productividad y el bienestar de otros (incluso en todo el mundo) comienzan a inspirarse, y se enorgullecen de sus trabajos y productos. Por ejemplo, entienden que sus creaciones salvan vidas de bebés prematuros o protegen a hombres y mujeres del ejército que están en peligro. Animar a sus seguidores a recordar los beneficios finales de su trabajo, les inspira a hacerlo bien.

Un buen líder debe retar a las personas a superarse, estirarse y alcanzar a ver la naturaleza noble de cada proyecto o idea. Si el visionario propone un futuro que valga la pena, hace que el trabajo de cada empleado sea mucho más fácil y satisfactorio.

Debe unificar. Si el visionario es exitoso, y estableció claramente una dirección y un propósito para sus seguidores, generará lealtad y unidad mediante la participación mutua de quienes lo escuchan. Si su liderazgo es en el contexto de una empresa, describirá y reflexionará sobre las fortalezas únicas, la cultura, los valores, las creencias y la dirección que esta nueva idea, producto, concepto o visión tendrá sobre la organización. Convencerá a sus compañeros de trabajo de que sus esfuerzos individuales son parte de algo más grande que ellos y su trabajo diario, y que juntos pueden triunfar para hacer que la visión se haga realidad.

Debe compartirse reiteradamente. Un visionario no olvida sus sueños, pues arden permanentemente en su cerebro: *le* mantienen despierto en la noche, *le* impulsan hacia delante. Pero como las personas con las que trabaja no "poseen" esta visión de la misma manera, necesita comunicarla reiteradamente o la olvidarán. Por tanto, a menudo debe recordarles su propósito, causa, misión, contribución. Debe hacerlo de forma constante y continua. El líder debe impulsarlas a recordar la visión que se les puso delante.

¿Se está convenciendo del poder de la visión? Cuando un líder cree en una idea o misión, puede volverse una gran fuente de fortaleza para él y para otros. Eso lo que está a punto de ver en la vida de Nehemías, así que, ¡siga leyendo!

Visión extendida

La misión de Nehemías apenas estaba comenzando. Su visión incluía mucho, mucho más que solo el muro y no se detuvo en la construcción, sino que también incluyó a los constructores: el pueblo. Tras terminar el muro, se quitó el casco de construcción y lo cambió por el sombrero administrativo de un gobernador. Procedió a luchar por el bienestar del pueblo y su herencia.

Nehemías había logrado su primer objetivo, la fase uno: la reconstrucción del muro (Neh. 1—6). Usó su pensamiento visionario para inspirar al pueblo a fin de hacer lo imposible, pero había más. Siga leyendo para ver más sobre su pensamiento visionario al pasar a la fase dos de su plan maestro.

Fue capaz de comunicarles su visión a otros. De nuevo, un visionario debe comunicar su visión. Un líder sin visión carece de dirección, y quien no comunica su visión, no tendrá seguidores. Desde que Nehemías llegó para inspeccionar el muro, infundió una visión en el corazón y en la mente del pueblo, le pintó un cuadro sobre la necesidad de tener un muro de protección alrededor de la ciudad, le dio esperanza para un futuro mejor.

Una cosa es tener visión y otra es ser capaz de comunicársela a otros de manera que los mueva a aceptarla e interiorizarla. ¿Recuerda cómo Nehemías comunicó su visión?

> Les dije, pues: Vosotros veis el mal en que estamos,
> que Jerusalén está desierta, y sus puertas consumidas
> por el fuego; venid, y edifiquemos el muro de Jeru-
> salén, y no estemos más en oprobio. Entonces les
> declaré cómo la mano de mi Dios había sido buena
> sobre mí, y asimismo las palabras que el rey me había
> dicho (Neh. 2:17-18).

¿Cuán eficaz fue al comunicarla? "Y dijeron: 'Levantémonos y edifiquemos'. Así esforzaron sus manos para bien" (v. 18).

Mostró su poderío cuando cambió el campo de su visión. La fase uno de su visión exigía que iniciara (planificara), motivara (hiciera comenzar) y vigorizara (siguiera adelante cuando los obreros se desanimaron). Tras terminar la fase uno, Nehemías necesitaba hacer la transición hacia la fase dos de su visión. Él fortaleció, delegó, administró y miró al futuro.

Primero, *fortaleció.* Al terminar el muro, se necesitaba más trabajo: "Luego que el muro fue edificado, y colocadas las puertas, y fueron señalados porteros y cantores y levitas" (7:1).

Segundo, *delegó.* Un líder sabio sabe que debe encontrar a otros para compartir la carga del liderazgo, así que buscó ayudantes que se ocuparan de varias responsabilidades. Si Nehemías iba a gobernar la región, debía escoger asistentes competentes. Necesitaba ayudantes que fueran dignos de confianza y pudieran liderar con integridad. A continuación, se muestra lo que dijo sobre dos de las personas nombradas: "Mandé a mi hermano Hanani, y a Hananías, jefe de la fortaleza de Jerusalén (porque éste era varón de verdad y temeroso de Dios, más que muchos)" (7:2). Recordará que su hermano Hanani fue quien le llevó el informe inicial sobre el estado de Jerusalén (1:2).

Tercero, *administró.* Les dio instrucciones a sus dos líderes: "Y les dije: 'No se abran las puertas de Jerusalén hasta que caliente el sol; y aunque haya gente allí, cerrad las puertas y atrancadlas'. Y señalé guardas de los moradores de Jerusalén, cada cual en su turno, y cada uno delante de su casa" (v. 3).

Cuarto, *planificó*. Como ha visto a lo largo del capítulo, un líder sabio consolida en el presente y planifica para el futuro. "Porque la ciudad era espaciosa y grande, pero poco pueblo dentro de ella, y no había casas reedificadas" (v. 4). El mandamiento de Nehemías para el futuro venía de parte del Señor: "Entonces puso Dios en mi corazón que reuniese a los nobles y oficiales y al pueblo, para que fuesen empadronados según sus genealogías" (v. 5). ¿En qué estaba pensando Nehemías? Notó que la población de Jerusalén era bastante pequeña respecto al tamaño del territorio contenido dentro del muro. En gran parte de la ciudad amurallada, nunca habían reconstruido las casas. Para que Jerusalén recuperara su importancia en la región, necesitaba ser dinámica, activa y poblada. El primer paso de Nehemías fue descubrir quiénes podrían ser buenos candidatos para regresar y residir allí.

Empezó a censar y registrar al pueblo (vv. 6-73). Al hacerlo, su trabajo se interrumpió por un despertar espiritual (Neh. 8—10), lo cual resultó ser algo bueno. ¿Por qué? Porque Dios usó el avivamiento para preparar el corazón de su pueblo frente a la tarea difícil de reubicar a muchas familias dentro de la ciudad amurallada (Neh. 11).

NEHEMÍAS HABLA SOBRE LIDERAZGO

Para ser un líder fuerte y exitoso, debe cultivar la capacidad de imaginarse los resultados finales. Sea que maneje asuntos familiares o esfuerzos empresariales, ¿cuál será el resultado final de esta nueva decisión, dirección, política o método de funcionamiento? Como líder responsable, debe siempre intentar imaginar cómo un cambio no solo afectará las condiciones actuales, sino la solidez y el crecimiento futuro. Nehemías era un líder porque percibía lo que nueve generaciones no vieron: se imaginó una ciudad amurallada, y a su pueblo dinámico y noble irradiando las bendiciones de Dios a un mundo que observaba con incredulidad.

Todo líder fuerte tiene una pasión por algo, ¿qué le apasiona? ¿Cuál es su fuerza impulsora? ¿Qué le hace continuar cuando las cosas se ponen difíciles?

Responda estas preguntas importantes también: ¿Es su pasión noble como la de Nehemías? ¿Se beneficiarán otros de su visión en el presente, en los meses y años venideros? Nehemías inspiró a toda una generación con su visión. ¿Cómo puede articular e inspirar a otros con su visión para el futuro? ¿Cómo puede tomar una visión que está en su mente y corazón, y transmitírsela a otros para que puedan desarrollarla? A continuación, veremos algunos pasos básicos que pueden ayudarle a convertir una visión en realidad:

Paso #1. *Ponga sus sueños sobre el papel.* Piense en las personas a las que afectaría y beneficiaría. Después, ore para que Dios afirme si sus sueños son voluntad de Él.

Paso #2. *Tómese tiempo para pensar en el futuro.* ¿Qué pasaría si se cumplieran sus ideas? Cuando tenga su respuesta, dé el siguiente paso.

Paso #3. *Establezca metas que reflejen este ideal futuro.* Dicen: "Lo que su mente puede concebir, puede lograrse". Metas mesurables le ayudarán a tener éxito en el cumplimiento de sus sueños.

Paso #4. *Obtenga el apoyo de otros.* Comience con Dios asegurándose de que la visión es algo que está dentro de su voluntad. Pídales consejo a otros y busque ayuda mientras desarrolla su estrategia. Si es un asunto espiritual, pídales a otros que piensen y oren con usted mientras busca a Dios para obtener su "luz verde" y dirección.

Paso #5. *Siga adelante.* A pesar de los obstáculos y de la oposición que seguro llegarán, avance. Niéguese a renunciar a lo que es una dirección correcta para su familia, equipo, causa o empresa. Si su idea es buena, de algún modo echará raíces y florecerá; si es una idea que tiene implicaciones espirituales y cree que es voluntad del Señor, dé pasos para actuar según su visión. Después de todo, solo se está esforzando por cumplir el deseo de Dios. Recuerde el Salmo 37:4: "Deléitate asimismo en Jehová, y él te concederá las peticiones de tu corazón".

El mundo está lleno de aspirantes a líderes, pero su influencia es limitada porque solo *ven* el presente (aquí y ahora), solo *miran* las posibilidades. Sin embargo, el líder verdadero y exitoso es aquel que *percibe*. Su percepción le hace capaz de *ver* las posibilidades: el futuro. ¿Cuál de ellos es usted? ¿Es usted aquel que simplemente *mira* o *ve* lo que podría ser?

> *Quienes han influenciado de manera más poderosa*
> *y permanente a su generación han sido los que ven:*
> *hombres que han visto más y más lejos que otros.*
> *Hombres de fe, porque fe es visión.*[35]

13

LA RENOVACIÓN... REFRESCA
SU LIDERAZGO

Y el sacerdote Esdras trajo la ley delante de la congregación...
Y leyó en el libro... desde el alba hasta el mediodía.

(NEHEMÍAS 8:2-3)

Mientras Nehemías caminaba hacia la casa de Esdras en Jerusalén, iba pensativo. Aunque no había tenido mucho tiempo para leer durante la reconstrucción del muro, había podido revisar algunos rollos de Esdras. Leyó un poco sobre la historia del regreso a Jerusalén de 50.000 exiliados bajo el liderazgo de Zorobabel. No podía evitar emocionarse al pensar en el plan que había formulado en su mente.

A las puertas de la residencia de Esdras, Nehemías se quitó sus sandalias. Como era costumbre, un sirviente llegó y le lavó los pies. El hogar era modesto, pero suficiente. Manuscritos y rollos eran visibles por todas partes y estaban guardados al azar. Eran señales reveladoras de que este era el santuario de un escriba. Nehemías saludó a Esdras con un sincero "Shalom", que significa "paz", y también se utiliza para decir hola o adiós.

Cuando los dos se reclinaron para disfrutar de un té persa, Nehemías se atrevió a decir: "Siento no haber podido venir y verte durante estos últimos meses".

Aceptando su disculpa, Esdras sonrío y dijo: "¡Como si no hubieras tenido trabajo de más! Aunque estoy aquí enclaustrado intentando hacer la crónica sobre el regreso de nuestro pueblo del exilio, hubiera preferido ser más visible y apoyar más". Con ese comentario, Nehemías sabía que tenía su oportunidad...

"Mientras estaba leyendo tus rollos anoche, no pude evitar notar algunas similitudes entre tu descripción de los acontecimientos alrededor de la celebración de la fiesta de las trompetas hace 90 años y nuestra época actual. Según tus escritos, el pueblo no solo celebró la fiesta, sino que también previó la finalización del templo, ¿no es así?".

Esdras asintió.

Nehemías continuó: "Entonces, así como ellos, cuando celebremos este nuevo mes dentro de unos días, también tendremos mucho que celebrar ahora que terminamos el muro".

"Tienes razón de nuevo", dijo Esdras.

Era el momento de que le dijera lo que quería expresarle: "Ya que lamentaste no haber sido tan visible en estos últimos meses, ¿crees que podrías apartarte de tus escritos y venir a celebrar la fiesta de las trompetas con el pueblo? Han trabajado muy duro, de forma heroica. Sé que tu presencia significaría mucho para ellos. Quién sabe, quizá tengas la oportunidad de leernos la Ley. No sé qué piensen otros, pero a mí me encantaría oírte enseñar la Palabra de Dios".

Esdras asintió y sonrió. Nehemías estaba emocionado ante la posibilidad de escuchar al famoso escriba leer la ley del Señor, pero después Esdras le hizo volver a la realidad al mencionarle el problema en el que Nehemías había estado trabajando durante los últimos días: "Solo tengo una pregunta: ¿cómo vas a hacer que las personas regresen de nuevo a Jerusalén?".

Todos necesitan renovación

Pregunta: ¿Durante cuánto tiempo puede conducir su auto? Respuesta: hasta que se quede sin gasolina. Y, ¿durante cuánto tiempo puede funcionar su DVD portátil? Hasta que se acaben las baterías.

Agotamiento es un término que se usa para describir qué sucede cuando el tanque de gasolina físico, mental o espiritual de un líder se queda vacío. Cuando eso sucede, es probable que pierda su impulso, dirección y energía. Fácilmente, puede llegar a desalentarse, deprimirse o sentirse derrotado. Cuando eso sucede, ¿cómo puede recuperar el buen rumbo? ¿Qué puede hacer para avivarse?

La respuesta es *renovación*. Me refiero a volver a llenar el tanque de gasolina físico, mental y espiritual, o recargar baterías. Desdichadamente, la renovación es algo que muchos líderes descuidan en sus propias vidas. Hacerlo puede tener efecto en su capacidad de liderar. A continuación, veremos algunas ideas que ayudan a destacar la importancia de la renovación frecuente:

Recordar que Dios ordenó un día a la semana para renovarse. El Señor nos creó y nos conoce mejor que nosotros mismos. Por eso, al comienzo de la historia de Israel, le pidió a su pueblo que descansara un día a la semana de su trabajo, pues sabía que necesitaría refrigerio y renovación frecuentes.

Miles de años después, nada ha cambiado. De hecho, probablemente podamos decir que el ritmo de vida sigue volviéndose más y más agitado. ¡Un día de descanso hace maravillas en su productividad durante los otros seis! Dios sabe lo que hace y su receta para la renovación es la misma: "Seis días trabajarás, y al séptimo día reposarás, para que descanse tu buey y tu asno, y tome refrigerio el hijo de tu sierva, y el extranjero" (Éx. 23:12).

Comprender que renovarse es vital para un liderazgo eficaz y exitoso. Igual que comprueba con frecuencia la aguja de la gasolina en su auto, debe tener cuidado para reconocer sus indicadores personales que muestran que necesita renovarse. ¿Tiene mal genio? ¿Disminuye su paciencia? ¿Está su entusiasmo en ceros? Son síntomas que le advierten que es tiempo de actuar, de cuidarse.

Un líder que no reconoció los síntomas del agotamiento fue el profeta Elías. Puede leer la historia completa de lo que le sucedió en 1 Reyes 18—19, pero, a continuación, tenemos un breve resumen de lo que pasó.

Elías era un líder valiente que confrontó exitosamente a 450 profetas del falso dios Baal, así como a 400 profetas de Asera, otra deidad local. Su clímax emocional, debido a ese encuentro increíble, se destrozó cuando la malvada reina Jezabel amenazó con quitarle la vida. Él acababa de confrontar a cientos de profetas, pero eso le había agotado y sus emociones no fueron lo suficientemente fuertes para hacerle avanzar. Con desánimo y temor, huyó de Jezabel.

Elías cayó en una desesperación tan grande que llegó al extremo de pedirle a Dios que le permitiera morir. Sin embargo, el Señor le proveyó alimento y descanso. Después, un Elías fortalecido recibió una revelación de Dios mismo. Con un sentido renovado del control de Dios sobre todas las cosas y con una dosis de energía nueva, se recargó y estuvo listo para su siguiente tarea.

Aprenda una lección del profeta: no dependa de sus emociones para avanzar. Puede que le hagan un líder más agradable, pero son variables y también pueden hacer que se convierta en un mal líder que toma decisiones equivocadas.

Recordar que renovación significa regresar a lo básico. Implica reinventar su pasado exitoso. ¿Cuáles fueron los puntos fundamentales que le motivaron y vigorizaron cuando se propuso lograr sus metas? Repase la siguiente lista y vea cómo le va en cada área.

Renovación física. Desdichadamente, la afirmación "El mundo está dirigido por hombres cansados" es cierta. Son dedicados... pero están cansados. El cansancio derrota la productividad y el éxito. Por lo cual, es importante que todo líder tome un descanso e incluso, que se ejercite. En Nehemías 4:10, leemos que los obreros en Jerusalén se cansaron debido a la construcción del muro. Como resultado, se desanimaron y se sintieron derrotados.

Quizá necesita pasar unos días descansando o relajándose en un lugar tranquilo (¡o más tranquilo!). ¿Quizás un cambio de ambiente? Esto propuso Jesús para la salud de sus discípulos tras un período difícil de servir sin parar:

> Entonces los apóstoles se juntaron con Jesús, y le contaron todo lo que habían hecho, y lo que habían enseñado. Él les dijo: Venid vosotros aparte a un

lugar desierto, y descansad un poco. Porque eran muchos los que iban y venían, de manera que ni aun tenían tiempo para comer. Y se fueron solos en una barca a un lugar desierto (Mr. 6:30-32).

Jesús creó al hombre. Sabía que sus discípulos necesitaban descanso y renovación. Incluso Él se cansaba. Sin embargo, a veces, los líderes y las personas que están en el ministerio se sienten culpables si no se obligan hasta el punto del agotamiento. El ministro escocés Robert Murray McCheyne fue un estupendo ejemplo de este impulso. Cuando estaba moribundo a la edad de 29 años, se dirigió a un amigo y le dijo: "Dios me dio un mensaje que entregar y un caballo que montar. ¡Ay de mí! Maté el caballo y ahora no puedo entregar el mensaje".

Isaías 40:31 nos da entendimiento sobre la relación de la vida espiritual con la física: "Pero los que esperan a Jehová tendrán nuevas fuerzas; levantarán alas como las águilas; correrán, y no se cansarán; caminarán, y no se fatigarán".

Cuando los creyentes son pacientes y esperan la dirección del Señor, en vez de agotar su energía física y emocional en los problemas, pueden estar seguros en la fortaleza de Dios cuando se enfrentan a pruebas y a todo tipo de decisiones por tomar. La vida, el ministerio, el trabajo, las relaciones y el liderazgo no son carreras de velocidad, sino maratones. ¿Su tarea? Mantener el ritmo para recorrer la distancia.

Renovación mental. Significa tomarse tiempo para pensar, para volver a examinar sus metas. Cuando tenga algún tiempo para usted, pregúntese: ¿aún me dirijo hacia la dirección correcta… o perdí de vista mis metas y objetivos iniciales? ¿Cómo es mi actitud: estoy irascible, empiezo a perder efectividad, se están colando dudas sobre mí mismo, mi confianza se está erosionando? ¿Tengo un vago sentimiento de que olvidé un giro importante en algún lugar del camino? Este tipo de examen personal es útil. Puede que incluso considere tomar un curso más refrescante en su campo laboral para descubrir qué hay de nuevo o qué cambios vendrán en el futuro.

Renovación espiritual. Significa regresar a lo que lo vigorizó en un principio: el Señor. El apóstol Pablo estaba familiarizado con este aspecto básico espiritual: "Por tanto, no desmayamos; antes aunque este nuestro hombre exterior se va desgastando, el interior no obstante se renueva de día en día" (2 Co. 4:16).

¿Ha perdido de vista la prioridad más importante de su vida, a Jesús? Este mundo ejerce una fuerza potente, incluso sobre los cristianos comprometidos. Poco a poco, es fácil ser absorbido por las preocupaciones de este mundo.

Tal vez sea tiempo de un avivamiento espiritual, de regresar a los aspectos fundamentales que posiblemente ha descuidado: oración, lectura de la Biblia, comunión y adoración. Y no olvide el arrepentimiento. Siga este consejo sabio para la renovación física, mental y espiritual:

> Despojémonos de todo peso y del pecado que nos asedia, y corramos con paciencia la carrera que tenemos por delante, puestos los ojos en Jesús, el autor y consumador de la fe (He. 12:1-2).

Comprender que el cambio es una forma de renovación. ¿Qué pasa cuando se queda atascado en un problema? Además de deprimirse, puede volverse lento a nivel mental, agotarse físicamente y con frecuencia, quedarse estancado a nivel emocional. No tiene tiempo para tomarse unas vacaciones ni para tomar una siesta. Solo es lunes, así que el descanso del fin de semana no es una opción. ¿Cómo salir de su rutina exigente? Sencillamente, puede hacer cualquier cambio. Winston Churchill afirmaba: "El cambio es tan bueno como el descanso". Entonces… tómese un descanso, estírese, salga a caminar o solo cambie de tareas durante un tiempo. Haga algo diferente hasta que experimente un entusiasmo renovado para abordar una vez más cualquier cosa que hizo que se atascara.

¡Regocíjese! La renovación es una oportunidad para reinventarse. Nunca nadie está completamente donde quiere estar a nivel físico, mental, emocional y en especial, espiritual. Esa es la mala noticia;

la buena es que puede levantarse cada día y arreglarlo. Mañana puede ser un usted diferente, mejor, más amoroso, más disciplinado, etc. La decisión es suya: puede renovar su cuerpo al trotar o caminar; puede renovar su mente leyendo un libro o un periódico; puede renovar su vida espiritual leyendo su Biblia y hablando con Dios sobre ciertas cosas. Todas estas son decisiones que puede tomar si en verdad quiere renovación en su vida. De otro modo, siga viviendo y siendo menos que su mejor versión. Pregúntese: ¿en verdad quiero seguir viviendo así? ¡Probablemente no! Bueno, entonces, ¡haga algo al respecto!

Este es un pensamiento vigorizante de la Biblia: el Señor le ofrece una infusión fresca de su misericordia y fortaleza cada mañana. Comience cada día con este estímulo: "Por la misericordia de Jehová no hemos sido consumidos, porque nunca decayeron sus misericordias. Nuevas son cada mañana; grande es tu fidelidad" (Lm. 3:22-23).

Preparar el escenario

Regresemos a la escena inicial de este capítulo con el escriba de Dios, Esdras, quien se ajusta a nuestro retrato de un líder conforme a su corazón. Pronto (en Nehemías 8) comenzará a leerle y a explicarle las Escrituras al público. El pueblo de Jerusalén, quien trabajó duro para construir y terminar el muro, acababa de pasar por un horrendo período de estrés físico y emocional. Probablemente, quedara poca energía en su corazón, alma y fuerza en ese momento. Necesitaba con urgencia una renovación del corazón y de la mente.

Aunque Nehemías era el gobernador y en muchos aspectos era un líder espiritual (e incluso, a veces, era maestro), sabía que no era especialista en la enseñanza de la Palabra de Dios, pues era laico, así como las personas que lideraba. Por tanto, aquí somos testigos de otra dimensión de su liderazgo: vemos su disposición para compartir su papel de liderazgo con otros. Antes, acudió a su hermano Hanani y también a Hananías, quien era leal y temeroso del Señor (v. 2). Ahora, permite que Esdras lidere.

No hay duda alguna de que Nehemías era un verdadero hombre de Dios, un hombre conforme a su corazón. Pero cuando llegamos a los capítulos 8 y 9, vemos que se aparta de forma voluntaria, se sienta y permite que Esdras (sacerdote-escriba y maestro experto) dirija al pueblo *y a él* hacia una renovación espiritual.

La renovación y la Palabra de Dios

Así es como empezó la renovación espiritual para los agotados constructores de muros:

En el tiempo divino de Dios, la fecha era una semana después de la finalización del muro. También era el primer día del nuevo mes *tishri*. Sorprendentemente, también era la época de la celebración anual de la fiesta de las trompetas. Esta asamblea santa para tocar las trompetas se convocaba en "la puerta de las aguas" (8:1). Por esta puerta, llevaban el agua a una zona espaciosa del templo, donde podían reunirse muchas personas.

Los siguientes versículos de Nehemías 8 nos describen un avivamiento en acción. A medida que lee, pregúntese: *¿Necesito experimentar un avivamiento espiritual?* A continuación, veremos cómo funcionó en las vidas de las personas que estaban en esa plaza abierta junto a la puerta de las aguas y tendremos la evidencia de que el avivamiento espiritual estaba en camino:

- Había interés por la Palabra de Dios. El pueblo pidió que leyeran las Escrituras (v. 1).
- Había un maestro dotado. Esdras había participado activamente en la enseñanza durante los últimos 15 años. Al verlo, el pueblo le pidió que sacara los rollos de Dios para enseñarles (vv. 1-2).
- Había disposición para escuchar la Palabra de Dios. Quienes podían entender, deseaban escuchar. Esta enseñanza duró de tres a cinco horas, "desde el alba hasta el mediodía" (v. 3).
- Había un deseo de conocer las Escrituras. El pueblo no solo quería escuchar la Palabra, sino también entenderla. Otros 13 hombres y unos levitas (cuyos nombres no se mencionan) le ayudaron a Esdras a leer e interpretar la verdad. Su objetivo era ayudarles a sus oyentes a entender la importancia de lo que se leía y cómo ponerlo en práctica en sus vidas (vv. 4-8).

- Había reverencia por la Palabra de Dios. "Y se humillaron y adoraron a Jehová inclinados a tierra" (v. 6).
- Había una respuesta ante las Escrituras. Cuando el pueblo escuchó y entendió la ley de Dios, respondió con arrepentimiento por su pecado (v. 9).
- Había determinación para obedecer la Palabra de Dios. "Y hallaron escrito en la ley que Jehová había mandado por mano de Moisés, que habitasen los hijos de Israel en tabernáculos en la fiesta solemne del mes séptimo... Salió, pues, el pueblo... e hicieron tabernáculos" (vv. 14, 16).
- Había un compromiso para avivar las llamas de la renovación. Este espíritu de renovación no fue una emoción pasajera, sino que continuó a lo largo del mes, con más demostraciones de lamento (ayuno, cilicio y ceniza), adoración y confesión. El pueblo restableció sus compromisos con el Señor y sus leyes (Neh. 9).

Si quiere experimentar renovación, debe recibir con anhelo la Palabra de Dios y permitir que su Espíritu le vigorice mediante sus verdades. De hecho, las Escrituras son el epicentro de la renovación. Eso les dijo Pablo a los cristianos en Roma: "No os conforméis a este siglo, sino transformaos por medio de la renovación de vuestro entendimiento, para que comprobéis cuál sea la buena voluntad de Dios, agradable y perfecta" (Ro. 12:2).

Mire su propia vida espiritual: ¿hay alguna señal de renovación espiritual? Por supuesto, un hombre (y un líder) conforme al corazón de Dios reconoce que la renovación es un elemento vital en un liderazgo fuerte. ¿Cómo puede avivar las llamas de la renovación en su vida? Siga el ejemplo de Nehemías y del pueblo de su época, y lea la Palabra de Dios para que le refresque y le renueve.

NEHEMÍAS HABLA SOBRE LIDERAZGO

Un líder fuerte es capaz de distinguir los medios del fin. Construir el muro era una meta inicial, pero vital a corto plazo. Sin embargo, Nehemías nunca perdió de vista el panorama general.

Sabía que el muro le daría al pueblo un ambiente seguro (el medio) para un avivamiento y una renovación que produciría recompensas eternas (el fin).

Para asegurarse de que sucediera, se hizo a un lado sin egoísmo y permitió que otra persona más adecuada dirigiera el proceso de renovación. Permitió que Esdras hiciera su trabajo. Entonces Nehemías pudo permanecer con el pueblo y poner en práctica las mismas verdades que ellos escuchaban. La renovación espiritual le trajo fortaleza al pueblo y también a Nehemías, el líder.

¿Y qué de usted? ¿Ve la necesidad de la renovación? Esta no sucede en un momento particular, sino por necesidad, es un proceso continuo. ¿Por qué? Porque la vida y el liderazgo son exigentes. El liderazgo agota, sin importar a quién se lidere o a cuántos. Se trata de darse a otros y es una realidad en constante cambio. Hoy no es ayer ni mañana. Como dijo un filósofo griego: "No es posible meterse dos veces en el mismo río".

Así como ese río que siempre se mueve, las exigencias en su vida continúan. En este preciso momento, usted no es la misma persona que fue ayer, la semana pasada ni el año pasado, así como tampoco su grupo, equipo, familia, empresa o quienes le rodean, inclusive quienes están por encima de usted. Todo (y todos) están en movimiento. Para evitar que le arrastren las mareas del cambio y asegurar la fortaleza de su liderazgo, debe cambiar. Debe adaptarse para satisfacer las exigencias del presente y también las del futuro. Debe renovarse a nivel físico, mental y, en especial, espiritual a fin de estar equipado para la vida tal como la enfrenta hoy... y para levantarse mañana y volver a hacerlo otra vez.

Los líderes eficaces permiten que Dios los moldee para que sean la clase de personas que necesitan ser ante cada situación que encuentren. No se quedan atascados en un método ni en una metodología.[36]

14

LA LEALTAD... AFIRMA SU LIDERAZGO

Mas a todo esto, yo no estaba en Jerusalén, porque en el año treinta y dos de Artajerjes rey de Babilonia fui al rey.

(NEHEMÍAS 13:6)

Compraron las provisiones y las pusieron sobre los camellos. Le informaron a la escolta militar de Nehemías sobre la ruta de regreso a Susa. Para algunos de los soldados, Jerusalén casi se había convertido en su hogar; se habían instalado bastante bien después de vivir en el mismo lugar durante 12 años; otros estaban ansiosos por regresar a su familia y cultura.

Para Nehemías, era una partida agridulce. Había llegado como un extraño y ahora se iba como héroe (y amigo) del pueblo. Dejaba muchos amigos y partidarios fieles, aunque no siempre fue así. Cuando llegó 12 años atrás, solo tenía la autoridad del rey y una pasión dada por Dios para la finalización exitosa de su misión. Pero cuando el pueblo vio su compromiso, su firme resolución incluso bajo coacción extrema, y su interés fiel y constante en el bienestar de las personas, poco a poco se fue ganando su lealtad.

Al subir a la silla de montar, sus amigos cercanos se secaron las lágrimas mientras le decían adiós. Otros repitieron esta misma respuesta sincera a medida que dirigía la caravana por las calles de Jerusalén. Las personas lloraban y le decían adiós mientras se alejaba, pero el deber llamaba. Nehemías, el súbdito siempre leal debía cumplir su promesa y regresar al rey.

La lealtad comienza con la confianza

La lealtad expresa compromiso, firmeza y fidelidad. Una persona puede ser leal a un país, a un credo o a otra persona, y esa lealtad se nutre con la confianza. Si cree en su país y en su ideal, el país recibe su lealtad. Si cree en un credo, se convierte en un seguidor leal. Lo mismo sucede con la lealtad hacia un individuo, o en nuestro caso, hacia un líder: Nehemías. Si el individuo cree que puede confiar en que su líder lo dirige adecuadamente, será leal.

Todo el mundo tiene lealtades. Alguien o algo recibe su lealtad. Las personas ponen su confianza en alguien o algo. Entonces, ¿la lealtad de alguien no debería comenzar con Dios? ¿Quién mejor que Él para confiar?

Puede ser leal al Señor porque puede...

Confiar en su carácter. Lo que promete, lo cumple y provee. Es "Dios, que no miente" (Tit. 1:2). Hay miles de promesas en la Biblia, y como reconoció el rey Salomón: "Bendito sea Jehová... ninguna palabra de todas sus promesas... ha faltado" (1 R. 8:56). Dado que Dios es leal a sus promesas, ¡puede confiar en que las cumplirá! Como testificó el apóstol Pablo: "Porque todas las promesas de Dios son en él Sí, y en él Amén, por medio de nosotros, para la gloria de Dios" (2 Co. 1:20).

Confiar en su presencia. Como Dios es Espíritu y no lo puede ver, a veces es difícil confiar en que estará a su lado, que cumplirá sus promesas. Previamente, vimos el ejemplo de Josué como un líder que se benefició de las garantías reiteradas sobre la presencia de Dios. Cuando Dios le habló, acababa de convertirse en el nuevo líder de Israel y ocupaba el lugar de Moisés. Por eso, como era de esperar, estaba un poco nervioso. Su primera tarea fue invadir una tierra muy poblada, bien armada y defendida (Jos. 1:2). ¡Pero no había por qué preocuparse! ¿Por qué? Dios le dijo: "No temas ni desmayes, porque Jehová tu Dios estará contigo en dondequiera que vayas" (v. 9). Prometió ir con él a la batalla.

El hecho de la presencia constante de Dios debería ser una fuente de consuelo y fortaleza para usted. ¿Qué mayor apoyo necesita que saber que Él está con usted mientras pelea sus batallas? Y aquí está la buena noticia: la promesa de la presencia del Señor es aún vigente hoy, miles de años después de la época de Josué. Jesús (Dios encarnado) nos dio el mismo tipo de garantía: "Por tanto, id, y haced discípulos a todas las naciones... y he aquí yo estoy con vosotros todos los días, hasta el fin del mundo" (Mt. 28:19-20).

Confiar en sus respuestas a la oración. De nuevo, Jesús, quien es Dios y no puede mentir, le enseña: "Pedid, y se os dará; buscad, y hallaréis; llamad, y se os abrirá. Porque todo aquel que pide, recibe; y el que busca, halla; y al que llama, se le abrirá" (Mt. 7:7-8).

A veces, para hacer que esta verdad sea incluso más completa, el Señor responde cuando ni siquiera sabemos cómo orar sobre cierto asunto. Cuando eso sucede, el Espíritu Santo interviene y ora, intercede por nosotros (Ro. 8:26).

Saber que Dios escucha y responde a sus oraciones, ¿le ayuda a confiar en Él incluso en los asuntos más pequeños que deba enfrentar? Debería hacerlo. Pero, ¿es usted capaz de confiar en el Señor respecto a lo más importante que posee, su destino eterno? Siga leyendo.

Confiar en su oferta de vida eterna. ¿Alguna vez se ha preguntado para qué Jesús, Dios encarnado, vino a la tierra? Bueno, vino para morir por sus pecados y ofrecerle vida (abundante y eterna). Dijo: "Yo he venido para que tengan vida, y para que la tengan en abundancia" (Jn. 10:10). También proclamó: "Y yo les doy vida eterna; y no perecerán jamás, ni nadie las arrebatará de mi mano" (Jn. 10:28).

Cuando pone su fe y confianza en Dios Hijo, Él le promete vida eterna. ¿Confía en Él ahora? Si no, ¿qué le retiene?

Saber que puede confiar en el Señor en todo, inclusive respecto a su destino eterno, debería fomentar su lealtad hacia Él, ¿no?

La lealtad fomenta lealtad

Cuando se trata de que los seguidores respondan a su liderazgo, comprenda que la lealtad no es una respuesta que se produce porque sí. Debe ganársela, y se aplica en las dos direcciones. Como ya ha leído, un líder leal expresa compromiso, firmeza y fidelidad a quienes le sirven. La lealtad dice:

—Me has sido fiel. Por tanto, te seré fiel. Recompensaré tu lealtad hacia mí con lealtad hacia ti.

Un buen líder demuestra lealtad tanto en el hogar como en el trabajo, mientras tiene en cuenta el bienestar de otros, por encima de su propia comodidad y prestigio. Se interesa por sus problemas, dificultades y desgracias. El bienestar de otros es su interés principal. Las personas sí quieren que las dirijan, pero también quieren un líder que muestre que tiene presente sus intereses.

Este interés debe ser genuino, verdadero. Si muestra una lealtad falsa y momentánea solo por ganar confianza y unos seguidores, sus verdaderos motivos saldrán a la luz tarde o temprano y ellos perderán su incentivo para permanecer leales. En cambio, quienes saben que su líder en verdad se interesa por su bienestar, normalmente están dispuestos a seguirle hasta lo último de la tierra... ¡y de regreso!

A continuación, veremos tres ejemplos en los que la lealtad fomentó lealtad:

David, el joven pastor. Después de matar al gigante Goliat, el rey Saúl lo llevó al palacio, donde se hizo buen amigo de Jonatán, su hijo mayor. Un fuerte vínculo de lealtad se desarrolló entre los dos jóvenes. Sin embargo, Saúl se puso celoso por la fama de David y sospechaba que intentaba apoderarse de su trono. Jonatán permaneció fiel a su amigo y defendió sus intenciones puras ante su padre. Finalmente, en un arrebato de ira, el rey le confió a su hijo su deseo de matar a David, por lo que Jonatán advirtió a su amigo que huyera. Justo antes de hacerlo, los dos amigos se reunieron por última vez y afirmaron su lealtad mutua para toda la vida. Jonatán le pidió a David que cuidara a su familia si algo le llegaba a suceder. Tras la muerte de Jonatán, David honró la petición al cuidar a uno de sus hijos (2 S. 4:4; 9:3).

David, el guerrero. Después de huir de Saúl, David se ocultó en una cueva en el desierto. Mientras estuvo allí, un gran número de hombres fuertes de renombre se unieron a él como guerreros. Capturó su afecto y su lealtad de tal manera que incluso un deseo que susurraba se traducía como una orden en sus corazones.

En una ocasión, los filisteos acamparon en el valle de Refaim, cerca de Jerusalén, y ocuparon Belén, la ciudad natal de David. Una vez David expresó cuánto deseaba un sorbo de agua del pozo de la ciudad. Sin querer, ¡su deseo se convirtió en una orden para sus soldados! Tres de sus amigos leales se abrieron paso entre las líneas enemigas y arriesgaron sus vidas para llevarle agua del pozo.

Note esto: al arriesgar tanto para demostrar su lealtad, David consideró que el agua era demasiado sagrada como para beberla de modo egoísta. Entonces, la derramó ante Dios y sus hombres como un acto de adoración (2 S. 23:15-16). Acciones como esta hicieron que ellos se ganaran su cariño y que él se ganara el cariño de sus hombres. Estuvieron dispuestos a morir por él porque sabían que moriría por ellos.

Hudson Taylor, el misionero. Hudson Taylor fue un pionero de las misiones modernas. Fue el fundador de la Misión al Interior de la China, la cual envió cientos de misioneros a países asiáticos durante décadas. En un discurso que presentaba algunos secretos de su liderazgo notablemente exitoso, su sucesor, D. E. Hoste, dijo lo siguiente sobre su interés por los demás:

> Otro secreto de su influencia entre nosotros estuvo en su gran compasión y atenta consideración por el bienestar y comodidad de quienes le rodeaban... manifestaba una gran ternura y paciencia ante los fracasos y defectos de sus hermanos. De esta manera, fue capaz, en muchos casos, de ayudarles a alcanzar un plano de devoción más elevado.[37]

¿Podrían su familia, amigos, seguidores, compañeros de trabajo y empleados hacer las mismas afirmaciones sobre usted? ¿Les ayuda a llegar a "un plano más elevado"? ¡Espero que sí!

Líderes y lealtad

Lealtad no es esclavitud, sino servicio. Fluye hacia los superiores y los seguidores. Es una de las cualidades más esenciales que un líder debe poseer primero, y después inculcársela a sus seguidores. Por eso, hombres como David, Hudson Taylor y, desde luego, Nehemías son modelos tan excelentes a seguir. Un líder que posea su propia norma de lealtad se la inculcará a sus seguidores. A continuación, veremos cómo debería ser la lealtad:

Lealtad a Dios. Un líder que quiere inspirar a otros a ser conforme al corazón del Señor, primero desea seguir plenamente el corazón de Dios. Debe ser leal a Él, y la oración es una manera importante de mostrar esa lealtad. Un líder que no ora, declara su lealtad a su *propia* sabiduría; pero el que ora, admite sus propias debilidades y declara su dependencia y confianza en el Dios que todo lo sabe, en quien puede confiar para recibir ayuda al manejar sus retos personales y de liderazgo.

Definitivamente, Nehemías, un líder conforme al corazón de Dios, le demostró lealtad mediante su continuo compromiso con la oración.

Lealtad a la Palabra del Señor. ¿Cómo se demuestra la lealtad a Dios? En una palabra: obediencia. Es decir, obedecer sus normas tal como se comunican en la Biblia. Jesús dijo: "Si me amáis [si son leales a mí], guardad mis mandamientos" (Jn. 14:15). Lealtad implica fidelidad a la Palabra de Dios. Nehemías se esforzó por obedecerla, ya fuera al guardando el día de reposo, siguiendo sus mandamientos sobre el pago de intereses, manteniendo el linaje hebreo libre de matrimonios con extranjeros, preservando la santidad del templo o asegurándose de guardar las celebraciones prescritas de forma adecuada. Se negó a hacer concesiones o a desviarse de su compromiso de cumplir las leyes del Señor.

Lealtad a sus superiores. Todo el mundo responde ante alguien. Incluso los jefes tienen jefes. La Biblia dice con claridad:

> Siervos, obedeced a vuestros amos terrenales con temor y temblor, con sencillez de vuestro corazón, como a Cristo; no sirviendo al ojo, como los que quieren agradar a los hombres, sino como siervos de Cristo, de corazón haciendo la voluntad de Dios; sirviendo de buena voluntad, como al Señor y no a los hombres, sabiendo que el bien que cada uno hiciere, ése recibirá del Señor, sea siervo o sea libre (Ef. 6:5-8).

Nehemías era un empleado leal. Pidió que lo relevaran de su puesto como copero durante cierto periodo de tiempo o hasta que la situación en Jerusalén estuviera estable. Fuera como fuera el acuerdo, estuvo fuera durante 12 años. Evidentemente, el rey fue leal: le dio ayuda y recursos. A su vez, Nehemías correspondió a esa lealtad regresando al rey, como habían acordado.

Lealtad a su trabajo. La Biblia le dice exactamente cómo debe ver su trabajo: "Y todo lo que hagáis, hacedlo de corazón, como para el Señor y no para los hombres" (Col. 3:23).

Nehemías era un empleado fiel. Su ascenso hasta la posición de copero demostró su lealtad y compromiso hacia el rey. Era tan fiel que el rey le confiaba su propia vida. Por tanto, cuando le hizo la petición de ir a Jerusalén, no dudó en darle una respuesta positiva.

Lealtad a sus trabajadores. La Biblia tiene mucho que decir sobre la relación entre amos y siervos. En todos los casos, se les dice a los jefes que sean justos y traten a sus trabajadores con respeto. Así es como el apóstol Pablo explica con detalle la lealtad cuando les habla a patrones y empleados: "Sirviendo de buena voluntad, como al Señor y no a los hombres, sabiendo que el bien que cada uno hiciere, ése recibirá del Señor, sea siervo o sea libre. Y vosotros, amos, haced con ellos lo mismo, dejando las amenazas, sabiendo que el Señor de ellos y vuestro está en los cielos, y que para él no hay acepción de personas" (Ef. 6:7-9).

Nehemías se preocupaba constantemente por el bienestar de las personas. Fuera que las protegiera de soldados enemigos o de nobles avaros, permaneció hombro con hombro con ellas y tuvo compasión de sus problemas (4:10-12; 5:1-5). Estuvo dispuesto a detenerse para prestar un oído comprensivo a las dificultades que enfrentaban y a ofrecerles un hombro sobre el cual llorar. Los trabajadores y sus familias sabían que podían confiarle sus propias vidas, y para mostrar su lealtad, ¡hicieron lo imposible en solo 52 días!

Leal hasta el fin. Las personas pueden ser variables cuando se trata de lealtad. Después de todo, requiere compromiso, que se basa en la confianza... la cual puede ser frágil, en el mejor de los casos. Sin embargo, nuestra lealtad a Dios nunca debería fluctuar y la lealtad de un líder a su jefe, trabajo, trabajadores, familia o cualquier otra persona debería ser sólida como una roca, inquebrantable y a toda prueba. Si no es leal, fracasará como líder.

Nehemías fue leal hasta el fin en cada área de su liderazgo sobre el pueblo y en su servicio al rey. Hasta el final, su interés constante fue agradar al Señor. "Acuérdate de mí, Dios mío, para bien" (13:31), dijo él.

Lealtad inspiradora

Evidentemente, la lealtad es una fuerza potente en el liderazgo. Por tanto, ¿qué se necesita para generar este tipo de lealtad en quien lidera? De nuevo, como dijimos antes, comienza en usted, el líder: necesita permanecer leal a sus ideales y a las necesidades de sus seguidores. La lealtad debe darse hacia abajo antes de que se dé hacia arriba. A continuación, veremos algunas formas en que puede inspirar lealtad en sus seguidores.

Sea leal a su jefe. Todo el mundo responde ante alguien. Quienquiera que sea ese alguien en su ámbito, sea leal. Sea tan fiel a esa persona como lo sería a su Señor (Ef. 6:5). Esta lealtad proporcionará un modelo a quienes lidera.

Sea imparcial. Mostrar favoritismo hacia algunos es una manera segura de crear desconfianza entre otros. Si el ascenso de una persona se basa en ser parte del club de los "chicos buenos de siempre", en vez de la capacidad, no espere lealtad por parte de sus trabajadores. De igual manera, cuando se trata de reprimendas, sea como Nehemías: no muestre favoritismo (Neh. 5:7). Él no mostró consideración por el oficio o el rango de nadie. Los nobles y los gobernantes espirituales recibieron desaprobación por igual.

Sea consecuente. Recuerde que la lealtad se basa en la confianza. Si es variable o irracional en sus decisiones y acciones, las personas no podrán ser capaces de confiar en usted como líder. La coherencia es vital.

Sea fiel. Si dice que va a hacer algo, asegúrese de hacerlo; si hace una promesa, tómesela en serio y no la olvide. A los ojos de las personas, una promesa olvidada es una promesa rota, dice que ellos (y su promesa) no son tan importantes para usted. Por eso, piensan que si *ellos* no son importantes, cualquier cosa que estén *haciendo* por usted tampoco es tan importante.

Sea honesto. La Biblia habla claramente y en repetidas ocasiones al respecto. Puede que pensemos que está bien decir una pequeña "mentira blanca", una verdad a medias, omitir un detalle vital o un trozo de información. Pero como reza el dicho: "Sus pecados lo descubrirán". Y cuando lo descubran en una mentira quienes están más cerca (su familia, conocidos o trabajadores), les resultará difícil volver a confiar en usted. Aparte de que decir una mentira es pecado, ninguna es tan valiosa como para arriesgar la lealtad de las personas que le rodean.

Sea decisivo. Como dice Mateo 5:37: "Pero sea vuestro hablar: 'sí', 'sí'; 'no', 'no'". La indecisión es peor que no decidir (o incluso peor que la decisión equivocada). "Quien duda, está perdido" es un dicho que habla de cosechar lealtad y del fracaso. Busque respuestas y soluciones y, sobre todo, busque la voluntad de Dios. Cuando decida la dirección que va a tomar, sea firme y actúe de inmediato. No dude ni vacile.

Sea auténtico. Si como líder asumió más de lo que podía manejar e intenta impresionar en medio de la situación, las personas verán qué hay tras la fachada. Un líder auténtico admitirá sus limitaciones y buscará la ayuda de otros. Las personas quieren verlo triunfar tanto como usted mismo, entonces permita que le ayuden al estar abierto a recibir consejos.

Sea un siervo. Nehemías mostró siempre un corazón de siervo: puso primero a otros y mostró interés por su bienestar (2:10). Este interés encontró expresión en sus oraciones, ayuno y lágrimas, y finalmente se tradujo en su disposición a viajar miles de kilómetros hasta Jerusalén para servirle a una comunidad empobrecida y desanimada. No fue pretencioso en su papel como gobernador ni abusó de su autoridad. De hecho, usó su posición como plataforma para servirle al pueblo. Continuamente puso a otros delante de sus propios planes. Su ejemplo expresó el principio que enseñó el mayor siervo y líder de todos, Jesucristo:

> El que quiera hacerse grande entre vosotros será vuestro servidor, y el que quiera ser el primero entre vosotros será vuestro siervo; como el Hijo del Hombre no vino para ser servido, sino para servir (Mt. 20:26-28).

NEHEMÍAS HABLA SOBRE LIDERAZGO

¿Cómo se determina si un líder es exitoso? ¿Por el tamaño de su organización o ejército? ¿Por el tamaño de los beneficios de su empresa? Es cierto, el margen de beneficio es una medida de éxito y cuanto más grande sea una organización o un ejército, es más probable que las personas concluyan que usted es un buen líder. Sin embargo, el tamaño o los números pueden ser engañosos. Muchos generales con ejércitos inmensos han sido derrotados por fuerzas mucho más pequeñas; muchas empresas más pequeñas pueden producir márgenes de beneficio más elevados que los gigantes empresariales.

Por tanto, ¿cuál podría ser un mejor indicador del éxito de un líder? En una palabra: lealtad. Los mayores líderes a lo largo de la historia produjeron un nivel de lealtad mayor en sus seguidores. Con devoción leal, produjeron los mayores resultados. A continuación, veremos algunos ejemplos:

Leónidas, rey de Esparta. Con una guardia personal de 300 hombres (lo más élite de las fuerzas espartanas), junto con otras fuerzas adicionales que aumentaron sus cifras a unos 7.000 soldados griegos, defendieron el estrecho paso montañoso de las Termópilas contra el inmenso ejército persa del rey Jerjes (una multitud entre 100.000 o 200.000 personas). Durante la batalla, Leónidas hizo que algunas de sus tropas se fueran y solo permanecieron sus 300 espartanos leales junto con otros. Cuando cayó en batalla, sus hombres leales rodearon su cuerpo y se negaron a irse, por lo que los persas los mataron a todos. Sin la ayuda de Leónidas y de sus 300 soldados espartanos leales, quienes retaron la tiranía de Jerjes en las Termópilas, las ciudades-estado griegas de la época habrían sido invadidas por las hordas persas.

Robert E. Lee, general del ejército confederado durante la Guerra Civil estadounidense. Defendió repetidamente su amado estado de Virginia y fue mejor estratega que los masivos ejércitos unionistas que salieron contra él (los generales de la Unión le apodaron "Zorro gris", debido a sus muchos triunfos). En parte, su eficacia se debió a sus estrategias de batalla, pero fue posible en gran parte debido a la lealtad y confianza excepcionales que ganó en sus hombres.

Jesús, el gran líder de todos los tiempos. Regresó al cielo y dejó 120 seguidores, hombres y mujeres. Muchos eran individuos comunes con poco o nada de dinero, influencia ni educación. Sin embargo, debido a su lealtad inquebrantable hacia su Salvador, estuvieron dispuestos a sufrir el sacrificio supremo de la muerte para difundir el evangelio. Respondieron a la demostración de lealtad de Jesús hacia ellos, lo cual también se aplica a nosotros: "Porque Cristo, cuando aún éramos débiles, a su tiempo murió por los impíos" (Ro. 5:6). Dos mil años después, esa lealtad continúa en las vidas de millones de personas alrededor del mundo, la cual no ha disminuido ni se ha extinguido, sino que durará toda la eternidad.

Nehemías solo fue un sirviente civil. No fue un rey espartano ni un general militar, pero logró lo que nadie había sido capaz de hacer. Incluso después de 90 años y del regreso de miles de judíos a Judá, el muro alrededor de Jerusalén aún estaba en ruinas, y el pueblo estaba desanimado y derrotado. Sin embargo, la lealtad de Nehemías a su Dios, a su rey, y después al pueblo dio como resultado una respuesta auténtica no solo de parte del Señor, sino también del rey al que servía, e igualmente ¡de las personas que hicieron el trabajo! Nehemías fue un líder conforme al corazón de Dios, y la lealtad marcó y afirmó su liderazgo.

> *Lo primero que un joven oficial debe hacer cuando se une al ejército es pelear una batalla y esa batalla es por los corazones de sus hombres. Si gana esa batalla y otras similares, ellos lo seguirán a cualquier parte; si la pierde, nunca harán un bien auténtico.*[38]
> —Vizconde Montgomery de Alamein,
> Mariscal de campo, 8° ejército,
> Segunda Guerra Mundial

15

LA INTEGRIDAD... VALIDA SU LIDERAZGO

También desde el día que me mandó el rey que fuese gobernador de ellos... doce años, ni yo ni mis hermanos comimos el pan del gobernador... y con todo esto nunca requerí el pan del gobernador, porque la servidumbre de este pueblo era grave.

(NEHEMÍAS 5:14, 18)

Mientras Nehemías caminaba de un lado a otro en su habitación, repasaba en su mente los acontecimientos de los últimos 12 años. Los había repetido una y otra vez en su mente más veces de las que podía contar. Hubo muchos éxitos magníficos, ¡toda la gloria para el Señor Dios! Por supuesto, estaba el muro, probablemente el logro más visible. Y mientras se preparaba para dictarle más detalles sobre ese proyecto a su escriba, de repente recordó un acontecimiento que casi hizo que se derrumbara el proyecto de construcción.

Un recuerdo no muy bueno, sin duda, dijo para sí. Desdichadamente, implicaba las acciones despreciables de los nobles y de los gobernantes.

¿Cómo comenzar? —se preguntaba—. *Ah, sí*. Y a continuación declaró: "Entonces hubo gran clamor del pueblo y de sus mujeres contra sus hermanos judíos" (Neh. 5:1). Repasó el triste relato de los ricos que se aprovechaban del pueblo pobre de Judea cobrándole intereses excesivos. Cuando terminó de relatar cómo se resolvió el incidente de forma exitosa, pensó en quién podría leer el relato. *Vaya, y ¿si alguien pudiera pensar que también estuve implicado de alguna manera, que también me aproveché del pueblo?*

Sin querer jactarse, pero definitivamente para dejar el informe claro, decidió relatar sus propias acciones en ese momento y durante sus años como gobernador. Mientras seguía dictando, oró, e hizo su mejor esfuerzo por evaluar su conducta y asegurarse de que fuera aceptable ante Dios.

La integridad marca la diferencia

En 1517, un sacerdote alemán de 34 años llamado Martín Lutero se indignó porque se les estaba enseñando a las personas que la libertad del castigo del Señor por el pecado podía comprarse con dinero. El papa León X explicó brevemente qué eran las "indulgencias" en un edicto. Por lo tanto, Lutero confrontó al vendedor de indulgencias Johann Tetzel con 95 declaraciones que clavó en la puerta de la iglesia de Wittenberg, en las que criticaba al papa y explicaba que la venta de esos "pases para salir del infierno" era bíblicamente incorrecta.

El 18 de abril de 1521, Lutero, que conocía muy bien la seria naturaleza de sus afirmaciones, se presentó, tal como le habían ordenado, ante la Dieta de Worms, una asamblea general de la iglesia católica en la ciudad de Worms (Alemania). Le presentaron copias de sus escritos, los cuales estaban sobre una mesa. Después, le preguntaron si eran sus libros, y si apoyaba su contenido o no. Lutero confirmó que era el autor y pidió tiempo para pensar la respuesta de la segunda pregunta. Oró, consultó con sus amigos y dio su respuesta al día siguiente:

> A menos que me convenza el testimonio de las Escrituras o por una razón clara (porque no confío en el papa ni en los concilios solamente, ya que es bien sabido que a menudo fallan y se contradicen), estoy atado a las Escrituras que cité y mi conciencia está cautiva a la Palabra de Dios. No puedo retractarme de nada (ni lo haré), ya que no es ni seguro ni correcto ir contra la conciencia. Que Dios me ayude, amén.

También citan a Martín Lutero cuando dijo: "Aquí estoy. No

puedo hacer otra cosa". Pero sin importar el alcance de su afirmación, las famosas "Noventa y cinco tesis" tuvieron una inmensa influencia. La integridad de Lutero, su disposición a mantenerse fiel a sus creencias, fue una chispa clave que contribuyó a encender el fuego de la gran Reforma protestante.

Integridad: ¡No salga de casa sin ella!

¿Qué valores admira en sus superiores? Es la pregunta que hicieron dos investigadores al hacer miles de encuestas alrededor del mundo y más de cuatrocientos casos de estudio por escrito. Los investigadores Kouzes y Posner identificaron tres características que fueron las más deseadas en un líder. La integridad estaba al principio de la lista, seguida por la capacidad y el liderazgo.[39]

Después de leer sobre Martín Lutero y su defensa de la verdad, y al ver la investigación realizada por Kouzes y Posner, no hace falta decir (pero lo diré de todos modos) que la integridad no es algo que uno quiere dejar cuando se pone su sombrero de liderazgo y enfrenta a las personas. Como esa característica es tan esencial, asegurémonos de tener un entendimiento claro sobre qué es.

El significado de la integridad

Al usar el casco de un barco, la *integridad* es lo que hace que esté en condiciones de navegar; al usar las alas de un avión, la *integridad* es lo que asegura un vuelo seguro; al usar un compuesto químico, la *integridad* asegura la exactitud del proceso de formulación. Por eso, ya sea que el término se use respecto a un barco, un avión o un químico, la integridad asegura que el objeto o sustancia es fiable para cumplir con el propósito previsto.

Cuando se aplica a una persona, la *integridad* significa ser veraz, confiable, tener convicciones. Es la adherencia firme a un código estricto de moral o de ética. No tiene defectos en su enfoque. Su certeza es total e inquebrantable. La integridad es lo que quiere para usted, para las personas que lidera y aquellos con los que trabaja. Se puede confiar alguien con integridad porque hará lo correcto por la razón correcta, incluso cuando nadie le observe.

El hecho de que muchas personas carezcan de integridad es una de las razones por las que esta cualidad de carácter se admira en un líder. Cuando a los individuos se les llama para ir a una batalla, a una aventura de negocios o a un futuro desconocido, quieren seguir a alguien en quien puedan confiar en que hará lo correcto por ellos. Después de todo, su vida o su seguridad económica podrían estar en juego. Saben que un líder con integridad cumplirá sus promesas y llevará a cabo los compromisos que hizo con ellos.

La naturaleza de la integridad

Ahora que sabemos qué es la integridad, se trata de ser digno de confianza, veamos qué es lo que hace.

La integridad hace respetar las convicciones morales. La integridad les da determinación a las acciones de una persona y es impasible ante cualquier inmoralidad que la rodea. Una persona que muestra integridad escogerá honestidad por encima del engaño, justicia por encima de la injusticia, y una disposición a acatar las reglas y normas, incluso cuando las descarten quienes la rodean. Cuando busque a alguien para resolver un problema, busque a una persona con integridad porque es honesta, y camina en integridad y en verdad.

La integridad se protege a sí misma. La integridad sabe que luchó mucho por sus normas y ganó. También sabe que solo se necesita una indiscreción para borrar por completo un largo historial de integridad. Una acción equivocada puede echar a perder años de confianza. Por tanto, establece un vallado de rendición de cuentas para su propia protección.

Usted (y cada líder) tiene áreas de debilidad. Si sucede que no puede pensar en una o dos donde su armadura es un poco delgada, solo pregúntele al diablo, quien estaría feliz de explorar esas áreas por usted. Si no lo cree, probablemente acaba de descubrir una de sus debilidades.

Un líder fuerte se rodeará a propósito de rendición de cuentas y garantías no solo para él, sino también para quienes lidera. Estas medidas de protección pueden ayudarles a estar seguros contra los defectos de carácter y a mantener intacta la integridad.

Respecto a desarrollar rendición de cuentas, veremos los elementos esenciales:

- *Proviene de la fuente suprema de rendición de cuentas: la Palabra de Dios.* Si un líder es fiel en la lectura y estudio de la Biblia, Dios (mediante el Espíritu Santo) expondrá áreas que necesitan un cambio. "Nos las reveló a nosotros por el Espíritu; porque el Espíritu todo lo escudriña, aun lo profundo de Dios" (1 Co. 2:10).
- *Viene en forma de mentores o pares.* Debe darles permiso a estas personas para que le pregunten si se está desviando del curso. "Hierro con hierro se aguza; y así el hombre aguza el rostro de su amigo" (Pr. 27:17).
- *Requiere que tenga un espíritu enseñable.* Desdichadamente, muchos líderes ignoran las precauciones y preocupaciones de su personal y de sus socios. "Da al sabio, y será más sabio; enseña al justo, y aumentará su saber" (Pr. 9:9).

La integridad crea un sistema de valores. El mundo se ha convertido en una "gran zona gris", lo que significa que cuando se trata del bien y del mal, todo se ha vuelto cada vez más relativo. Muchos líderes de hoy se consuelan con lo que se conoce como "ética situacional". Es decir, la situación determina su ética o respuesta. Con frecuencia, las acciones y la conducta se basan en el clima actual de la cultura. Una persona que sigue esta ética, pregunta: "¿Mi conducta es aceptable en mi entorno?". Sin embargo, alguien que esté motivado por la integridad, preguntará: "¿Mi conducta es consecuente con mi conjunto de valores respecto al bien y al mal, el cual es fijo, inamovible y nunca cambiará?".

Cuando se trata de integridad, algo está bien o mal, es bueno o malo. En el mundo secular, un líder no siempre puede imponer sus normas personales a otros, especialmente si tienen los llamados matices "religiosos". Sin embargo, Dios llamó a todos los cristianos (incluye a los líderes) a vivir con base en su sistema de creencias dentro del mundo en el que están. Deben ceñirse a las normas de santidad y verdad de Dios. Aunque un líder cristiano no pueda esperar que los seguidores no cristianos se adhieran a sus creencias y moral, aún así puede ofrecer un ambiente laboral que funcione según normas éticas justas, morales y coherentes.

Sin embargo, al trabajar en un contexto espiritual, un líder cristiano puede (y debería) imponer sus normas éticas sobre quienes lidera, porque deberían compartir las mismas normas bíblicas en sus vidas.

La integridad toma las decisiones más difíciles. La integridad necesita valentía y escoge el terreno moral más elevado. Entiende las consecuencias de las decisiones equivocadas y, por tanto, se angustia por las decisiones que deben tomarse. Por otra parte, ceder es fácil. Se necesita pensar poco o nada para escoger conformarse a una norma inferior. Cualquier persona débil o sin principios puede tomar el camino fácil.

No obstante, un líder fuerte adopta un código de ética noble. Para usted, como líder cristiano, ese código es la Biblia. Aunque las personas puedan resistirse a este, admirarán su enfoque y su tenacidad para defender esa norma.

La integridad resiste al orgullo. Uno de los riesgos ocupacionales del liderazgo es el orgullo, especialmente si hace un buen trabajo al liderar, otros lo notan y expresan su admiración. Este tipo de atención y elogios pueden llevarle a tener un mayor concepto de usted del que debería, es decir, ¡volverse orgulloso! El orgullo es egoísta; la integridad es abnegada. Tenga cuidado: el orgullo es un pecado cuya víctima es la persona menos consciente de su problema. De hecho, es un problema tan grave que esta es la actitud de Dios hacia él: "Abominación es a Jehová todo altivo de corazón" (Pr. 16:5).

La integridad lleva a las personas a una norma más elevada. Las personas funcionan mejor cuando son parte de algo que está anclado en normas establecidas. Esta estructura les dice dónde están en todo momento. La integridad, por su naturaleza misma, empuja al individuo hacia esta estructura: una norma más elevada, la cual promueve un nivel de conducta más alto y ofrece una mejor forma de vida. Un líder con integridad puede ser ejemplo y dirigir a las personas hacia allá.

Personas en la Biblia que modelaron integridad

En un momento, veremos la integridad en Nehemías, pero primero veamos cómo se describió en tres grandes líderes bíblicos: Samuel y Daniel en el Antiguo Testamento, y el apóstol Pablo en el Nuevo Testamento.

Samuel. Este sacerdote que trabajó en el templo es uno de los mayores modelos de integridad de la Biblia. Desde sus primeros años, se dedicó a servir al pueblo de Dios. No fue fácil, pues se crió en el templo bajo el cuidado del sumo sacerdote Elí. Significa que Samuel fue testigo de la conducta corrupta de los dos hijos de Elí: Ofni y Finees, quienes eran inmorales, no respetaban al Señor ni a los sacrificios de las personas. Lo fundamental: Samuel estuvo expuesto a su evidente falta de integridad.

Sin embargo, a pesar de esos ejemplos negativos, llegó a ser un líder con integridad, conforme al corazón de Dios. Cuando se acercaba el final de su vida ejemplar, se paró ante el pueblo por última vez y lo retó a validar su conducta. Le sirvió a la nación (en desarrollo) de Israel como profeta, sacerdote y juez, y estaba al final de su carrera pública, durante la cual luchó contra el uso del poder para explotar a otros a fin de obtener un beneficio privado. Para él, ser un líder era una mayordomía.

En su discurso final ante el pueblo, les recordó cómo había sido su conducta. Escuche sobre su integridad:

> Y yo he andado delante de vosotros desde mi ju-
> ventud hasta este día. Aquí estoy; atestiguad contra
> mí delante de Jehová y delante de su ungido, si he
> tomado el buey de alguno, si he tomado el asno de
> alguno, si he calumniado a alguien, si he agraviado

a alguno, o si de alguien he tomado cohecho para cegar mis ojos con él; y os lo restituiré… Y él les dijo: Jehová es testigo contra vosotros, y su ungido también es testigo en este día, que no habéis hallado cosa alguna en mi mano (1 S. 12:2-3, 5).

Vemos al pueblo reconocer su liderazgo cuando afirma su conducta: "Nunca nos has calumniado ni agraviado, ni has tomado algo de mano de ningún hombre" (v. 4). Después, en el versículo 5 añade a Dios a su lista de testigos: "Jehová es testigo".

La integridad de Samuel se basó en el deseo de honrar a Dios y de servirle al pueblo. Su honestidad e integridad personal inundaron cada área de su vida. La integridad determinó cómo manejó sus posesiones, sus relaciones con el pueblo, y el modo en que trató al débil y al necesitado. Fue responsable ante quienes le rodeaban. Debido a su integridad, estuvo dispuesto a que otros lo examinaran, especialmente el Señor.

Su ejemplo nos llama a hacer lo mismo. En todo lo que haga como líder, sea en casa, en la iglesia o en el lugar de trabajo, permita que su deseo de integridad personal brille con fuerza en lo que hace cada día. Siempre que permanezca comprometido a buscar la integridad personal, ¡será un líder que otros seguirán con alegría!

Daniel. Este profeta es otro gran ejemplo de integridad a seguir. El éxito tiene sus recompensas, pero también sus peligros. Como era tan bueno en lo que hacía (¡un positivo!), otros líderes envidiaban sus logros (¡negativo, sin duda!). La Biblia evalúa sus capacidades de la siguiente manera: "Pero Daniel mismo era superior a estos sátrapas y gobernadores, porque había en él un espíritu superior; y el rey pensó en ponerlo sobre todo el reino" (Dn. 6:3).

¿Cuál fue la respuesta de sus compañeros administradores? "Entonces los gobernadores y sátrapas buscaban ocasión para acusar a Daniel en lo relacionado al reino" (v. 4).

¿Qué esqueletos malvados encontraron en su armario? Como era un político, probablemente sus enemigos pensaran que no tendrían problema alguno para descubrir alguna maldad en su vida personal o profesional, ¿no? Para su decepción, "no podían hallar ocasión alguna o falta, porque él era fiel, y ningún vicio ni falta fue hallado en él" (v. 4).

En su esfuerzo como último recurso para destruirlo, dijeron: "No hallaremos contra este Daniel ocasión alguna para acusarle, si no la hallamos contra él en relación con la ley de su Dios" (v. 5). En otras palabras, iban a falsear cargos contra él encontrando algo "incorrecto" respecto a sus acciones como seguidor del Señor. Su integridad se demostró como resultado del escrutinio de esos hombres celosos. La integridad se levantará bajo el examen cuidadoso de quienes intentan imputarle cargos. Como en el caso con Samuel, la integridad de Daniel se centró en su enfoque en Dios.

El apóstol Pablo. En su viaje de regreso a Jerusalén al final de su tercer viaje misionero, se detuvo en un puerto marítimo llamado Mileto. Allí, les pidió a los líderes de la iglesia en Éfeso que fueran para una breve visita.

En primer lugar, les animó (ver Hch. 20:13-32). Después, les recordó la conducta que él tuvo durante los tres años que pasó con ellos, diciendo:

> Ni plata ni oro ni vestido de nadie he codiciado. Antes vosotros sabéis que para lo que me ha sido necesario a mí y a los que están conmigo, estas manos me han servido. En todo os he enseñado que, trabajando así, se debe ayudar a los necesitados, y recordar las palabras del Señor Jesús, que dijo: Más bienaventurado es dar que recibir (vv. 33-35).

Pablo lideró mediante el ejemplo. No les pidió nada a otros que él mismo no hubiera hecho.

La integridad de Nehemías

¡Hablemos sobre Nehemías! Ahora que entiende más sobre la increíble cualidad de la integridad y por qué es tan vital y poderosa en un líder, veamos cómo tomó forma en este hombre.

Su tiempo en Judea fue una labor de amor hacia su pueblo. De hecho, su preocupación por ellos le impulsó a reconstruir el muro. El problema de los ricos que les cobraban intereses escandalosos a los pobres en los préstamos monetarios le impulsó a defender su propia conducta durante su período de 12 años como gobernador. A diferencia de sus predecesores, no gobernó por avaricia. Puso la construcción del muro y el bienestar del pueblo por encima de sus propios intereses y de su comodidad. Al compartir su riqueza con muchos a diario, dejó un ejemplo para el pueblo. ¿Cómo es un hombre de integridad, uno como Nehemías?

Abnegado. Durante su ejercicio de 12 años (445-432 a.C.), ni él ni sus parientes comieron de la asignación de comida para el gobernador (5:14). Por supuesto, Dios le proveyó riqueza en su cargo como copero. Sin embargo, no era avaro ni deseaba aumentar su propia riqueza a expensas de los menos afortunados.

Sensible. Pasó toda su vida en el servicio público, así que vio el abuso de poder y cómo oprimía. Debido a su reverencia por el Señor, decidió ser sensible a las necesidades de otros. Dijo: "Los primeros gobernadores que fueron antes de mí abrumaron al pueblo, y tomaron de ellos por el pan y por el vino más de cuarenta siclos de plata, y aun sus criados se enseñoreaban del pueblo; pero yo no hice así, a causa del temor de Dios" (v. 15).

Un siervo. Como representante oficial del rey, el gobernador y sus hombres podrían haber tratado con prepotencia a las personas. Como mínimo, podrían haber "supervisado". En cambio, sirvieron y trabajaron en el muro junto con los ciudadanos. Donde esté un siervo, está para servir, no para llenar sus propios bolsillos a expensas de las personas. Nehemías tampoco se aprovechó de otros usando su riqueza considerable para comprar terrenos baratos alrededor de Jerusalén (v. 16).

Se sacrifica. Nunca exigió privilegios especiales debido a su posición o importancia. A diario, alimentaba (en su propia mesa y por su cuenta) a 150 judíos y oficiales, sin mencionar a "los que venían de las naciones que había alrededor de nosotros". Cada día, se consumía una enorme cantidad de alimentos en la casa del gobernador: un buey, seis ovejas, aves y vino. Como la carga sobre el pueblo ya era pesada, no exigió la asignación de comida a la que tenía derecho (vv. 17-18).

Busca solo el bien. Solo buscó el elogio de Dios, no del hombre. En todos sus años de servicio, oró para que el Señor recordara el bien que había hecho por el pueblo. De esta manera, sus acciones tenían una motivación espiritual, no las hizo por razones puramente humanitarias. Oró: "Acuérdate de mí para bien, Dios mío, y de todo lo que hice por este pueblo" (v. 19).

Nehemías habla sobre liderazgo

Para Nehemías, la integridad era un asunto del corazón. Ese es el secreto de la integridad: ¡es un trabajo interior! Es un tema del corazón: "El hombre bueno, del buen tesoro de su corazón saca lo bueno" (Lc. 6:45). No hay "porcentajes parciales" de integridad: se tiene… o no se tiene. Se es un hombre de integridad… o no.

¿Cómo puede asegurarse de que la integridad esté viva y en forma en su corazón, y por tanto, en su vida? A continuación, veremos algunos pasos para vivir con integridad, los cuales fortalecerán su liderazgo.

Paso #1. *Comprender el valor de la integridad.* Esta define quién es como líder, también lo refina y guía sus acciones. Pone un muro de protección a su alrededor y lo mantiene por el sendero correcto, el de Dios. Un líder sabio valora en gran medida su integridad.

El fin nunca es tan satisfactorio como el viaje. Lograr todo, pero hacerlo sin integridad es no lograr nada.
—Anónimo

Paso #2. *Escoger y usar las verdades de la Palabra de Dios como su norma de integridad.* Quédese con la clase de determinación que mostró Martín Lutero: "Estoy atado a las Escrituras y mi conciencia está cautiva a la Palabra de Dios. No puedo retractarme de nada (ni lo haré), ya que no es ni seguro ni correcto ir contra la conciencia".

Paso #3. *Examinar su corazón.* Vaya a Dios a menudo con el deseo de que la luz de su Espíritu examine su corazón. No confíe en el examen de su propio corazón. Solo el Señor puede darle una lectura correcta sobre su estado. "Engañoso es el corazón más que todas las cosas, y perverso; ¿quién lo conocerá?" (Jer. 17:9). Por tanto, clámele: "Escudríñame, oh Jehová, y pruébame; examina mis íntimos pensamientos y mi corazón. Porque tu misericordia está delante de mis ojos, y ando en tu verdad" (Sal. 26:2-3).

Paso #4. *Evaluar sus decisiones diarias.* Con cautela y en oración, evalúe cada decisión, sea grande o pequeña. Tómese tiempo para considerar sus opciones y después, basándose en las verdades de las Escrituras, decida qué debe hacer o cambiar en su conducta para alinear su vida a las normas de Dios. Sopese cada decisión antes de seguir adelante: ¿afirma esta elección mi integridad? Si no, ¡obviamente está descartada! Tenga la misma determinación de David: "Sean gratos los dichos de mi boca y la meditación de mi corazón delante de ti, oh Jehová, roca mía, y redentor mío" (Sal. 19:14).

Como líder, la integridad debería estar en el núcleo mismo de su ser. Ábrale su corazón al Señor y permítale moldearlo con su Palabra. Después, permita que el Espíritu Santo le guíe y guarde cada pensamiento y decisión, así validará su liderazgo. La fuerza de este depende de la fuerza de su integridad. Alguien podría quitarle la vida, pero nunca su integridad. Solo usted puede renunciar a ella. ¡Permanezca en guardia respecto a su integridad a toda costa! Viva de tal modo que pueda orar: "Júzgame, oh Jehová,

porque yo en mi integridad he andado; he confiado asimismo en
Jehová sin titubear" (Sal. 26:1).

Una persona no recibe integridad.
Esta es producto de la búsqueda implacable
de la honestidad en todo momento.

—Anónimo

LA PUREZA... BENDICE
SU LIDERAZGO

Acuérdate de mí, Dios mío, para bien.

(NEHEMÍAS 13:31)

Era una noche muy parecida a esta —pensó Nehemías mientras miraba la puesta de sol al final del día—, *creo que este es el punto donde por primera vez divisé el muro derribado hace muchos años.*

No podía estar seguro de que fuera el mismo punto porque, mientras daba la vuelta lentamente y observaba la panorámica completa de Jerusalén, notó que el paisaje había cambiado de forma drástica: ya no había montones de escombros bajo sus pies; la bendita ciudad de Dios ya no estaba desocupada, sin residentes orgullosos y seguros; los vecinos ya no criticaban la ciudad de David; los enemigos del pueblo judío ya no lo veían con desprecio, como débil e indefenso; las naciones circundantes mostraban ahora un mayor nivel de respeto. Todo lo que él veía era bueno.

Nehemías se apoyó contra las piedras del muro terminado. Cuando miró al cielo del atardecer, no pudo evitar pensar en el hecho de que estaba en sus años de ocaso. Se preguntaba: *¿Qué se ha logrado exactamente?* Podía ver con sus propios ojos que el lugar a su alrededor había cambiado físicamente: terminaron el muro y, con eso, llegó una sensación de seguridad definitiva. También había evidencia de que la ciudad y el pueblo prosperaban.

Su tiempo de reflexión continuó. *¿Realmente hice todo lo que podría haber hecho?* —sus pensamientos seguían persiguiéndole—,

¿fui un buen ejemplo de piedad para el pueblo? Intenté tener una vida de pureza, aunque, como Dios sabe, ¡no siempre fue fácil!

Nehemías meneó su cabeza mientras recordaba su posición como gobernador y las muchas veces en que se encontró con oportunidades de hacer concesiones respecto a las normas del Señor. Los líderes que se presentaban ante él lo hicieron, por tanto, ¿por qué no hacía lo mismo? Ceder habría sido "normal". De hecho, ¡era casi como si ceder fuera lo esperado de alguien en su posición! *¡Pero no!* —protestó—, *alabado sea Dios, resistí las tentaciones.*

Después, consideró la posibilidad de que su vida ejemplar fuera la razón de que hubiera sido capaz de exhortar tan fuertemente al pueblo para que alcanzara un nivel más elevado de justicia. *No le pedí nada al pueblo que no estuviera haciendo en mi vida* —pensó.

Sí, el pueblo respondió y sí, hubo una renovación. Sin embargo, era evidente que después de la finalización del muro y de su regreso al rey en Susa, algunas cosas volvieron a su estado anterior. Era bueno que hubiera vuelto a Jerusalén. Parecía que, una vez más, iba a tener que tratar con personas que vivían en pecado y habían puesto en peligro su herencia judía durante su ausencia.

Nehemías se preguntó: *Las dudas que siento ¿se deben a la pesadez de mi cuerpo o es el enemigo de mi alma quien está causando esta incertidumbre?* Finalmente, después de batallar con esto durante un rato, hizo lo que siempre había hecho cuando se libraba una batalla en su corazón y mente: ¡oró! "Acuérdate de mí, Dios mío, para bien".

La norma de pureza de Dios

A medida que se ha ido abriendo camino en este libro, ha visto muchas cualidades de Nehemías que le convirtieron en un líder fuerte. Muchas son esenciales para un liderazgo eficaz. Pero a medida que llegamos al final del libro, es momento de darle una última mirada a este hombre y descubrir la característica más esencial para liderar a otros.

Dios dice que el líder, de pocos o de una multitud, debe ser obediente. Debe ser alguien que "hará todo lo que quiero" (Hch. 13:22). Es sumiso a su dirección, desea hacer lo que el Señor pida de él. Y, ¿qué pide Dios de sus líderes? Les pide a ellos, y a usted, que sigan su norma de pureza.

Dios estableció la norma de pureza. Durante los primeros tiempos de la formación de la nueva nación de Israel, con frecuencia tuvo que recordarle a todo el pueblo, inclusive Moisés y a los líderes: "Porque yo soy Jehová vuestro Dios; vosotros por tanto os santificaréis, y seréis santos, porque yo soy santo" (Lv. 11:44). La norma de Dios en ese entonces era la santidad y también lo es hoy. Nehemías estableció la norma y esperaba que todos la siguieran, especialmente los líderes. Se esperaba que fueran modelo de pureza delante del pueblo.

Jesús afirmó la norma de pureza. Él verbalizó el deseo del Padre de pureza en su pueblo, sin importar el rango o el privilegio, cuando declaró: "Sed, pues, vosotros perfectos, como vuestro Padre que está en los cielos es perfecto" (Mt. 5:48). Parece lógico que un Dios santo no pueda aceptar menos que un pueblo santo.

Jesús hizo que la norma de pureza estuviera al alcance. Lo que el Padre y el Hijo le pedían a sus seguidores era imposible de lograr. Entonces, ¿qué hizo Dios para que la norma fuera asequible? En el Antiguo Testamento, su norma era que el pueblo ofreciera sacrificios animales. La sangre de esos sacrificios simbolizaba la cobertura de los pecados del pueblo y de sus líderes.

Sin embargo, el mensaje del evangelio del Nuevo Testamento cambió todo eso. Con la muerte de Jesús, vino el pago del pecado y una oportunidad para aceptar la pureza: "Al que no conoció pecado [Jesús], por nosotros lo hizo [Dios] pecado, para que nosotros fuésemos hechos justicia [pureza] de Dios en él [Jesús]" (2 Co. 5:21).

Jesús les pide a sus líderes que caminen en pureza. Si es creyente en Jesucristo, tiene la pureza y la justicia del Hijo que habitan en su interior. Significa que puede escoger practicar la pureza que reside en usted. El apóstol Pablo señaló hacia esta elección en una de sus oraciones por los creyentes: "Nosotros… no cesamos de orar por vosotros, y de pedir… para que andéis como es digno del Señor, agradándole en todo" (Col. 1:9-10).

Su referencia a caminar de forma digna es su descripción de cómo usted y todos los creyentes podemos practicar la norma de pureza de Dios a diario, paso a paso, decisión a decisión. Significa escoger caminar en el Espíritu (Gá. 5:22-23), en vez de ser controlados por nuestras pasiones. Como tenemos al Espíritu Santo, podemos escoger darle muerte a nuestras viejas pasiones y deseos. "Si vivimos por el Espíritu, andemos también por el Espíritu" (Gá. 5:25).

Jesús les pide a sus líderes que sean modelos de pureza. Liderazgo es influencia. Un hombre puede liderar a otros solo hasta el punto en que pueda influenciarlos. Cualquier líder (inclusive un líder de Dios) puede influenciar a otros en varios niveles debido a su personalidad, capacidad de persuasión o poder personal. Sin embargo, la pureza personal es la que tiene la mayor relevancia en el alcance de nuestra influencia.

En la Biblia, esta característica de liderazgo esencial se describe como ser "irreprensible" (1 Ti. 3:2; Tit. 1:6) o "intachable" (NTV). En otras palabras, la vida del hombre de Dios es un libro abierto: no se puede hacer ninguna acusación contra él o su carácter, su ejemplo hace posible que influencie a otros. Esto no significa que no peque, sino que se esfuerza por la pureza en su vida diaria. La meta es ser libre de la acusación y del escándalo público. Su deseo de pureza es lo que le da fuerza como líder. Por eso, la pureza personal es tan importante y explica por qué la confesión de pecado es tan esencial. Un líder conforme al corazón de Dios necesita estar a bien con Él (1 Jn. 1:9).

Preparar el escenario

Un enfoque en la pureza establece perfectamente el escenario para nuestro capítulo final sobre la vida del gran líder Nehemías, que sabía lo que todos los hombres de Dios necesitan aprender:

un líder puro es bendecido y bendice a otros. Sabía que la falta de pureza obstaculizaría su influencia. Por tanto, al empezar su primera oración registrada, se aseguró de confesar sus pecados y también los de sus compatriotas judíos:

> Esté ahora atento tu oído y abiertos tus ojos para oír la oración de tu siervo, que hago ahora delante de ti día y noche, por los hijos de Israel tus siervos; y confieso los pecados de los hijos de Israel que hemos cometido contra ti; sí, yo y la casa de mi padre hemos pecado. En extremo nos hemos corrompido contra ti, y no hemos guardado los mandamientos, estatutos y preceptos que diste a Moisés tu siervo (Neh. 1:6-7).

Durante los años de su primera administración, todo transcurrió sin problemas: la oposición en Jerusalén pudo hacer poco para levantarse contra un líder y administrador tan capaz, y su vida fue un modelo de pureza. Usando un término que aparece en el Nuevo Testamento, fue "irreprensible" (Tit. 1:6).

Mientras Nehemías lideró al pueblo en Jerusalén y ofreció un liderazgo práctico, el pueblo cumplió con los pactos que hizo con Dios, y tuvo una vida relativamente próspera y tranquila. Pero después, Nehemías terminó su servicio como gobernador y regresó a la corte de Artajerjes en Babilonia, donde se quedó "algunos días" (13:6). Sin él, las cosas comenzaron a empeorar en Jerusalén.

No se sabe exactamente cuánto tiempo se quedó Nehemías en Persia, pero fue suficiente para que se desarrollara la desobediencia entre el pueblo de Israel. Durante su ausencia, el partido de la oposición trabajó horas extra para anular su influencia.

Sin embargo, con el tiempo regresó como gobernador de Judea. A su llegada, fue evidente que el pueblo había vuelto a la impureza y se había olvidado del templo y de la adoración. A esas alturas, el pecado se había abierto camino en todos los niveles de la sociedad.

Nehemías confrontó la impureza

Cuando la norma para los líderes espirituales está a la par de lo que es aceptable para el pueblo, es seguro que prevalecerá la anarquía espiritual. Tristemente, esa fue la acusación de Dios contra las diez tribus del norte de Israel, no mucho antes de que las enviara al exilio en el año 722 a.c. En Oseas 4:9 les anunció: "Y será el pueblo como el sacerdote; le castigaré por su conducta, y le pagaré conforme a sus obras". Juzgó a esas personas, las envió al exilio y nunca más se oyó de ellas.

Cuando Nehemías regresó a Jerusalén, encontró que se había producido un declive espiritual similar, incluso después de todas las luchas, triunfos y avances que tuvo durante su estancia anterior. En ese momento, debía confrontar la impureza del pueblo, desde los líderes en adelante. A continuación, veremos una breve lista de los pecados y problemas que descubrió a su regreso:

Ceder (Neh. 13:4-9). El pueblo, y especialmente los líderes, permitieron que extranjeros, como los amonitas y los moabitas, participaran en su asamblea. Incluso Eliasib, el sumo sacerdote, le dio a Tobías (uno de los principales antagonistas de Nehemías) ¡una habitación en el templo!

Retener (13:10-14). La siguiente investigación de Nehemías reveló que no se recogían los diezmos con frecuencia. ¿El resultado? Los trabajadores del templo (los levitas) no recibían su parte de las ofrendas y se veían obligados a regresar a sus tierras para sostener a sus familias. Entonces, descuidaron al templo y su mantenimiento.

El día de reposo (13:15-22). No guardaban el día de reposo. El pueblo lo veía como cualquier otro día de negocios. Lo llenaban con compras, ventas, comercio e intereses personales.

Desobediencia doméstica (13:23-28). Los hombres judíos se casaron con esposas extranjeras. La ilustración más flagrante de esta violación de la ley de Dios fue el nieto del sumo sacerdote Eliasib, el cual se casó con una hija de Sanbalat, gobernador de Samaria y enemigo de los judíos.

Nehemías exigió pureza

Como Nehemías buscaba tener una vida de pureza, se ganó el derecho de tratar de forma contundente la impureza extendida que observó en Jerusalén. Por tanto, hizo frente a cada problema. La pureza no cede ni llega por grados: es todo o nada. Los líderes espirituales en Jerusalén participaban en el pecado y, como resultado, permitían que la conducta pecaminosa impregnara al pueblo. Nehemías se dedicó y trató cada problema de forma directa, y a veces drástica. A continuación, veremos cómo manejó los cuatro problemas principales que ya se mencionaron:

Ceder (13:4-9). "Arrojé todos los muebles de la casa de Tobías fuera de la cámara, y dije que limpiasen las cámaras" (vv. 8-9).

Retener (13:10-14). "Entonces reprendí a los oficiales, y dije: ¿Por qué está la casa de Dios abandonada? Y los reuní y los puse en sus puestos". Después, Nehemías nombró administradores fiscales "porque eran tenidos por fieles, y ellos tenían que repartir a sus hermanos" (vv. 11, 13), lo cual les permitió a los levitas regresar a sus deberes en el templo.

El día de reposo (13:15-22). "Y reprendí a los señores de Judá y les dije: ¿Qué mala cosa es esta que vosotros hacéis, profanando así el día de reposo?… Dije que se cerrasen las puertas, y ordené que no las abriesen hasta después del día de reposo; y puse a las puertas algunos de mis criados" (vv. 17, 19).

Desobediencia doméstica (13:23-28). "Y reñí con ellos, y los maldije, y herí a algunos de ellos, y les arranqué los cabellos, y les hice jurar, diciendo: No daréis vuestras hijas a sus hijos, y no tomaréis de sus hijas para vuestros hijos, ni para vosotros mismos… Por tanto, lo ahuyenté de mí [al yerno de Sanbalat]" (vv. 25, 28).

La pureza y las bendiciones de Dios

Espero que recuerde cómo conocimos a Nehemías. Al comenzar con la crisis número uno en Nehemías 1, lo vimos como un hombre de oración, y así fue a lo largo de los 13 capítulos que conforman el libro de Nehemías. Primero, lo vimos arrodillado, reconociendo su propio pecado y el de su pueblo (1:6). En esa oración, también pidió las bendiciones de Dios a medida que expresaba su deseo de ser obediente a su voluntad.

Ahora, en el último versículo del último capítulo del libro, lo vemos otra vez de rodillas, deseando lo mismo de parte del Señor: su bendición sobre su vida y la del pueblo. Dios respondió a sus dos oraciones: bendijo su liderazgo de principio a fin, y le dio la sabiduría necesaria a fin de dirigir al pueblo a nivel espiritual para que Dios pudiera bendecirlo.

Pasos hacia la pureza

Si desea las bendiciones del Señor en su vida y liderazgo, la pureza debe ser su prioridad principal. Un líder conforme al corazón de Dios no es perfecto, pero avanza. La pureza para usted, hombre de Dios, debe ser un deseo constante. Esta fortalecerá su liderazgo si da los siguientes pasos:

Paso #1: *Mirar su corazón*. Es de esperar que vea a un hombre que, aunque no es perfecto, al menos intenta mejorar, se mueve firmemente hacia las normas del Señor. Pida lo que David pidió: "Escudríñame, oh Jehová, y pruébame; examina mis íntimos pensamientos y mi corazón" (Sal. 26:2).

Paso #2: *Tratar con el pecado*. Pecado es cualquier cosa que sea contraria a la voluntad de Dios, es fallar en el blanco. Con Él, la norma es la perfección, así que todo el mundo tiene pecado que tratar. Como dijo el apóstol Juan: "Si decimos que no tenemos pecado, nos engañamos a nosotros mismos". En cambio, dijo que debemos confesar nuestros pecados, sabiendo que "él es fiel y justo para perdonar nuestros pecados, y limpiarnos de toda maldad" (1 Jn. 1:8-9).

Paso #3: *Desarrollar convicciones personales.* Para evitar mancharse y desviarse por causa del mundo, debe desarrollar algunas convicciones espirituales valientes sobre lo que cree. Este fuerte escudo de la fe le protegerá de "los dardos de fuego del maligno" (Ef. 6:16), y le dará el valor para defender sus convicciones y resistir la tentación de pecar. "Someteos, pues, a Dios; resistid al diablo, y huirá de vosotros" (Stg. 4:7).

Paso #4: *Suavizar sus convicciones con compasión.* Usted, como líder conforme al corazón de Dios, necesita comprender que muchas personas no están donde está usted a nivel espiritual. De hecho, como ya sabe, ¡usted no está donde quiere estar cuando se trata de pureza! Pablo aconseja: "Si alguno fuere sorprendido en alguna falta, vosotros que sois espirituales, restauradle con espíritu de mansedumbre, considerándote a ti mismo, no sea que tú también seas tentado. Sobrellevad los unos las cargas de los otros, y cumplid así la ley de Cristo" (Gá. 6:1-2).

Nehemías habla sobre liderazgo

La vida de Nehemías, y su pureza, le hizo sufrir en gran manera a manos de sus enemigos y de su propio pueblo. Ese es el lado negativo de la pureza. Sin embargo, su norma piadosa le permitió liderar a otros en el camino hacia la santidad como líder conforme al corazón de Dios.

Este hombre oró para que su trabajo y sacrificios no fueran en vano, y el Señor respondió a su oración. Su vida fue importante, las cosas sí cambiaron en su propia generación y la historia registra que sus reformas continuaron hasta la siguiente. Hizo su parte y Dios inmortalizó sus esfuerzos en el libro de la Biblia que lleva su nombre. Dios sí recordó a Nehemías y nosotros también.

Nehemías le pidió que bendijera sus esfuerzos y que fuera recordado para bien. ¿Qué le pide usted al Señor que recuerde de su vida? A nivel espiritual, ¿qué ha logrado su liderazgo para Él y su pueblo? Si tiene familia, ¿qué efecto ha tenido su liderazgo sobre ellos? ¿Hay cambios que necesita hacer?

¿Y qué de su vida laboral diaria? ¿Cómo ha contribuido su liderazgo al bien de otros? Si su inventario espiritual le arroja muy poco y no hay muchas razones para ser recordado, pídale a Dios que le muestre un nuevo propósito para su vida, que le ayude a tener una vida de:

- fortaleza
- pureza
- oración
- sabiduría
- valentía
- crecimiento espiritual

Viva para el bien de otros con todo su corazón, alma, cuerpo, mente y fuerzas. Hoy, haga la oración de corazón de Nehemías: "Acuérdate de mí, oh mi Dios, para bien".

El verdadero líder espiritual se interesa infinitamente más en el servicio que puede darle al Señor y a sus congéneres, que en los beneficios y placeres que pueda obtener de la vida. Su meta es aportarle más a la vida de lo que obtenga de esta.[40]

GUÍA DE ESTUDIO

GUÍA DE ESTUDIO

1

FORTALEZA... LA PROMESA DE DIOS PARA SU LIDERAZGO

Al comenzar nuestro estudio de *Un líder conforme al corazón de Dios*, escriba lo que ha leído u oído sobre Nehemías.

Cómo responde a la pregunta: "¿Quién, yo? ¿Un líder?".

Al pensar en la promesa del Señor sobre la fortaleza que se encuentra en Filipenses 4:13, escriba algunas preocupaciones que tiene en su categoría de "todo" (p. ej., familia, testimonio, trabajo, pureza personal).

Ahora, llévele estas preocupaciones a Dios y, ¡pídale fortaleza para tratar estos asuntos!

¿Cuán serio ha sido en el pasado respecto a permanecer en Cristo?

¿Qué pasos puede dar para mejorar su relación con Jesús?

¿Qué pasos puede dar para ser más responsable ante otros?

Mire la lista en la sección titulada "Ejercite su fe". Escoja un punto de la lista y declare qué puede hacer para crecer en esa área.

¿Qué verdad de la sección "Nehemías habla sobre liderazgo" le habló? ¿Por qué?

GUÍA DE ESTUDIO

2

EL MANEJO DE LA CRISIS...
DESATA SU LIDERAZGO

Lea Nehemías 1:1-3. Después, describa la crisis que Nehemías enfrentó y por qué tuvo un efecto tan grave en él.

Relate una crisis que haya enfrentado. ¿Estaba más preocupado por el problema que se le presentó o por el efecto que tendría en otros?

¿Cómo le ayuda la descripción que hace el ex-presidente Kennedy sobre la palabra *crisis* (respecto a los caracteres chinos utilizados para la palabra) con el fin de ver las crisis bajo una luz diferente?

¿Qué parte de la respuesta de Nehemías ante su crisis le resulta útil para manejar su propia crisis?

Describa lo que Johnson & Johnson hizo bien en cuanto al manejo de su crisis.

¿Qué pasa con el manejo de la crisis de Exxon?

¿Qué verdad de la sección "Nehemías habla sobre liderazgo" le habló? ¿Por qué?

Guía de estudio

3

La oración... fortalece su liderazgo

Lea Nehemías 1:4-11. Describa la actitud de Nehemías cuando empezó a orar (v. 4).

¿Cuánto tiempo persistió en esa actitud (v. 4)?

Según *Un líder conforme al corazón de Dios*, ¿cuánto tiempo oró?

Haga una lista de las características de la oración de Nehemías (alabanza, sinceridad, etc.). ¿Cuáles le parecen más fáciles de poner en práctica?

¿Cuáles le parecen más difíciles?

Lea la historia de la confrontación de Ezequías con el rey de Asiria en 2 Reyes 18:9—19:37.

¿Por qué se ofendió Ezequías cuando recibió la carta del rey Senaquerib?

¿Cuál fue su respuesta?

¿Qué lecciones le enseñan la conducta de Ezequías sobre cómo responder ante lo que sucede a su alrededor?

Grandes líderes del pasado fueron hombres de oración. ¿Conoce a algún líder de la actualidad que ore? ¿Cuál es su reacción al verlo orar? ¿Cómo podría su ejemplo ser una fuente de fortaleza para su propia vida de oración?

¿Qué verdad de la sección "Nehemías habla sobre liderazgo" le habló? ¿Por qué?

GUÍA DE ESTUDIO

4

EL VALOR… CONSOLIDA
SU LIDERAZGO

Lea Nehemías 1:11—2:3. ¿Cuál fue la reacción de Nehemías ante la observación del rey? ¿Qué hizo después?

¿Cómo debería un líder manejar sus emociones? ¿Hay ocasiones en las que puede y debería mostrar sus emociones?

Lea de nuevo las palabras que Martín Lutero declaró con valentía y compare ese nivel de valentía espiritual con el suyo.

Lea Josué 1 y cuente las veces que Dios usó la palabra "valiente" en su exhortación a Josué.

¿Cómo le anima este capítulo respecto a sus temores?

¿Qué verdad de la sección "Nehemías habla sobre liderazgo" le habló? ¿Por qué?

Guía de estudio

5

La sabiduría... fomenta su liderazgo

Lea Nehemías 2:4-9. ¿Cómo hablan estos versículos sobre la sabiduría de Nehemías? Lea Santiago 1:5 y responda las siguientes preguntas:

¿Qué palabra del versículo le advierte sobre el hecho de que la sabiduría no viene de forma automática?

¿Qué puede hacer al descubrir que su sabiduría se agota?

¿Cuán libremente da Dios su sabiduría?

¿Con qué actitud la da?

¿Qué promesa le da respecto a buscar sabiduría?

¿Cuál es la diferencia entre sabiduría y conocimiento?

Describa las diferentes maneras en que puede obtener sabiduría.

Vuelva a leer la sección "La vida de sabiduría de Nehemías". Enumere las tres primeras palabras de cada párrafo que describen su sabiduría. Después, seleccione un punto de la lista en el que le gustaría trabajar esta semana. ¿Qué primer paso podría dar?

¿Qué verdad de la sección "Nehemías habla sobre liderazgo" le habló? ¿Por qué?

Guía de estudio

6

La planificación... le aporta enfoque a su liderazgo

Lea Nehemías 2:4-9. Después, repase la sección "Cualidades de quien planifica eficazmente". Escriba sus pensamientos sobre cómo Nehemías mostró cada una de las siguientes cualidades:

Pasión:

Apoyo:

Un objetivo claro:

Un marco de tiempo:

Permiso:

Adquisición:

Provisión:

Si Nehemías hubiera carecido de cualquiera de esas cualidades, ¿habría logrado que el trabajo se hiciera bien? ¿Qué cualidades? ¿Por qué?

Vea la sección "Dos tipos de personas". Cuando se trata de planificar, ¿es usted una persona tipo 1 o tipo 2?

En términos de planificar de antemano, describa cómo manejó un proyecto reciente.

Basándose en lo que sucedió con ese proyecto reciente, ¿qué pudo haber hecho mejor en su planificación?

¿Está de acuerdo en que planificar de antemano le hará avanzar? ¿Por qué sí, o por qué no?

Con base en sus observaciones sobre otras personas, ¿qué resultados ha visto que surgen de no planificar de antemano?

¿Qué verdad de la sección "Nehemías habla sobre liderazgo" le habló? ¿Por qué?

Guía de estudio

La motivación... extiende su liderazgo

Lea Nehemías 2:11-20. ¿Por qué cree que Nehemías hizo un recorrido secreto alrededor del muro derribado antes de hablarle al pueblo?

Describa el enfoque que tuvo y su resultado.

Describa su estilo usual para motivar a otros. ¿Se inspira o proviene de factores externos o internos?

¿Cómo puede lograr que avance una persona a la que le gusta el statu quo? (¡Suponga que el movimiento hacia delante es bueno!).

¿Cuáles son sus ideas sobre su papel como "agente de cambio"?

¿Está de acuerdo o en desacuerdo con que la motivación comienza en usted?

Ponga en un círculo la frase que mejor describa su nivel de motivación personal:

No comienzo por iniciativa propia.

A veces, tomo la iniciativa.

Trabajo duro para ser quien toma la iniciativa.

Repase rápidamente la sección "La motivación comienza en usted". Ponga en un círculo los retos que podrían ayudarle a tener motivación personal. Escoja varios y explique cómo le ayudaría cada uno de ellos.

Describa cómo la motivación puede extender su liderazgo.

¿Qué verdad de la sección "Nehemías habla sobre liderazgo" le habló? ¿Por qué?

Guía de estudio

8

La delegación... desata su liderazgo

Lea Nehemías 3. Después, describa la estrategia de Nehemías para reconstruir el muro.

En Éxodo 18, ¿qué consejo le dio Jetro a su yerno?

Vuelva a leer la sección "El temor a delegar". ¿Qué miedos hacen que vacile en su delegación? ¿Por qué?

¿Cuál fue la estrategia de Jesús para difundir el mensaje del evangelio?

¿Cuál fue la estrategia de Pablo para delegar, según Efesios 4:11-12?

Refresque su memoria sobre la capacidad de delegar de Nehemías al recordar los siguientes ocho pasos:

Paso #1.

Paso #2.

Paso #3.

Paso #4.

Paso #5.

Paso #6.

Paso #7.

Paso #8.

¿Está de acuerdo con la cita de Theodore Roosevelt? ¿Por qué sí, o por qué no?

¿Qué verdad de la sección "Nehemías habla sobre liderazgo" le habló? ¿Por qué?

GUÍA DE ESTUDIO

— 9 —

EL ÁNIMO... APOYA SU LIDERAZGO

Lea Nehemías 4. Ahora, mire su propia vida como líder, ya sea en su familia, iglesia o lugar de trabajo. ¿Qué ánimo ha ofrecido recientemente en alguno de sus papeles?

¿A quién pudo haber alentado pero no lo hizo? ¿Cómo puede remediarlo?

¿Hay alguien en quien pueda pensar que hoy pueda necesitar algunas palabras de ánimo por parte de usted?

Cuando piensa en animar, ¿a cuál persona recuerda? ¿Por qué?

Relate una ocasión en la que estuvo desanimado. ¿Cómo superó el desánimo?

Repase la sección "Razones del desánimo". ¿Cuáles son las señales de advertencia de que el desánimo podría colarse sigilosamente en su vida?

¿Por qué el desánimo es potencialmente catastrófico en la vida de un líder? (Pista: el desánimo es contagioso).

Mire la sección "Tratar el desánimo". ¿Algunas sugerencias son relevantes para usted en este momento? ¿Por qué?

¿Qué verdad de la sección "Nehemías habla sobre liderazgo" le habló? ¿Por qué?

Guía de estudio

La resolución de problemas... refina su liderazgo

Lea Nehemías 5:1-13. ¿Qué estaba sucediendo?

¿Alguna vez ha tenido que tratar con el problema de "el enemigo adentro"? Si es así, ¿cómo lo resolvió? Si no, explique por qué podría ser un problema importante para cualquier líder.

La lucha interna es solo uno de los problemas posibles que podría enfrentar hoy. ¿Cuál es su problema número uno? Escríbalo.

Se dice: "Un problema definido está a medio camino de ser resuelto". Ahora que definió su problema número uno, ¿cuál es el siguiente paso que podría dar para resolverlo?

Después de leer cómo Aarón, el hermano de Moisés, manejó la petición de los israelitas de hacer un ídolo, ¿cuáles son sus ideas acerca de los peligros de tomar el camino fácil para resolver un problema?

Comente la afirmación: "La resolución de problemas es una de las tareas más difíciles que enfrenta un líder". ¿Está de acuerdo o en desacuerdo? Explique su respuesta.

¿Qué verdad de la sección "Nehemías habla sobre liderazgo" le habló? ¿Por qué?

GUÍA DE ESTUDIO

11

EL MANEJO DE CONFLICTOS... LE DA DETERMINACIÓN A SU LIDERAZGO

Lea Nehemías 6. ¿Cuál fue la actitud de Nehemías al enfrentar cada conflicto?

¿Cómo diferenciaría entre un problema y un conflicto?

¿Podrían manejarse un problema y un conflicto de manera similar? ¿Por qué sí, o por qué no?

Al enfrentar sus propios conflictos, ¿cómo se ha sentido desafiado ante...

...el ridículo?

…las amenazas?

…la distracción?

…la calumnia?

…la traición?

¿Cuál de los anteriores retos fue el más difícil? ¿Por qué?

¿Cuál(es) sugerencia(s) de "Principios para el manejo de conflictos" le resultó más útil? ¿Por qué?

¿Qué verdad de la sección "Nehemías habla sobre liderazgo" le habló a usted? ¿Por qué?

GUÍA DE ESTUDIO

LA VISIÓN... LE DA DIRECCIÓN
A SU LIDERAZGO

Lea Nehemías 2:5. ¿Cuál fue la petición de Nehemías?

Lea Nehemías 11 hasta que esté listo para anotar una breve descripción de lo que estaba sucediendo:

¿Cómo cumple esto la visión de Nehemías respecto a la ciudad de Jerusalén?

¿Por qué es importante el futuro en su vida personal?

¿Por qué es importante el futuro en su vida laboral?

¿Por qué es importante el futuro en su vida familiar?

Lea la historia de Josué y Caleb en Números 13. ¿Qué los diferenció de los otros diez espías?

Un elemento clave para ser un líder fuerte es tener una visión para el futuro. Escriba una de sus visiones y sueños clave a continuación (ya sea que tenga relación con su familia, lugar de trabajo, etc.).

Repase la sección "Características clave de una visión" y responda las siguientes preguntas:

Una visión debe sentirse profundamente, ¿con cuánta fuerza siente respecto a este sueño o idea?

Una visión debe compartirse, ¿con quién puede hacerlo?

Una visión debe inspirar. Exprese su idea o sueño a fin de que alguien más pueda ver su valor.

Una visión debe unificar. ¿Quién se vería afectado de forma negativa por su sueño? ¿A quién dividiría (a su familia, empresa, etc.)?

Una visión debe repetirse. ¿Quién puede haber olvidado su gran idea? ¡Quizás es tiempo de recordárselo!

¿Qué verdad de la sección "Nehemías habla sobre liderazgo" le habló? ¿Por qué?

GUÍA DE ESTUDIO

LA RENOVACIÓN... REFRESCA SU LIDERAZGO

Lea Nehemías 8:1-18. Describa la petición que los judíos le hicieron a Esdras (v. 1).

¿Qué le dice esto sobre su necesidad "sentida"?

¿Por qué cree que había tanta hambre de corazón?

¿Qué le dice Nehemías 8:13 y 8:18 sobre la sinceridad de su petición?

Bajo la sección "Todos necesitan renovación", ¿qué ideas podrían resultarle útiles? Enumere todas las que pueda y exprese por qué le ayudarían.

Lea Romanos 12:2. Usando un diccionario, escriba una definición de la palabra "conformarse".

Después, usando el significado de "conformarse", formule cómo Dios quiere que usted responda ante el mundo secular que le rodea.

¿Qué dice el salmista sobre la capacidad de la Biblia de obrar en su vida?

Salmos 19:7

Salmos 19:8

Según Hebreos 4:12, ¿qué puede hacer la Biblia en la vida de un creyente?

Lea la sección "La renovación y la Palabra de Dios". Note varias señales de renovación que estuvieron presentes en la vida del pueblo judío. Ahora, mire más detalladamente su vida espiritual: ¿hay algunas señales de que se está produciendo una renovación espiritual? ¿Cuáles son?

Nadie debería estar completamente satisfecho con su estado espiritual. ¿Qué pasos puede dar ahora para asegurar una renovación espiritual continua en su vida?

¿Qué verdad de la sección "Nehemías habla sobre liderazgo" le habló? ¿Por qué?

GUÍA DE ESTUDIO

LA LEALTAD... AFIRMA SU LIDERAZGO

Lea Nehemías 2:1-6. ¿Cuál fue la petición del rey y cuál fue la respuesta de Nehemías (v. 6)?

Lea Nehemías 13:6 y comente sobre la lealtad de Nehemías.

Use un diccionario y escriba una definición de la palabra *lealtad*.

Usando esta definición, exprese su nivel de lealtad en las siguientes áreas de su vida:

Relación con Jesús:

Familia:

Amigos:

Iglesia:

Jefe:

Repase la sección "La lealtad comienza con la confianza". ¿Qué área de confianza en Dios ha fortalecido su lealtad hacia Él? ¿Por qué?

¿Cuáles son algunas maneras de fomentar lealtad entre usted y las personas con quienes trabaja?

Como respuesta a la sección "Líderes y lealtad", escriba una breve declaración que describa su lealtad en las siguientes áreas:

Lealtad a Dios:

Lealtad a las Escrituras:

Lealtad a sus superiores:

Lealtad a su trabajo:

Lealtad a sus trabajadores:

Lealtad hasta el fin:

En la sección "Lealtad inspiradora", note las áreas en las que podría mejorar. Después, escriba algo que pueda hacer esta semana para ayudar a inspirar lealtad.

¿Qué verdad de la sección "Nehemías habla sobre liderazgo" le habló? ¿Por qué?

GUÍA DE ESTUDIO

LA INTEGRIDAD... VALIDA
SU LIDERAZGO

Lea Nehemías 5:14-19. ¿De qué manera Nehemías era distinto a los líderes que le precedieron?

¿Qué principios generales puede descubrir a partir de las acciones de Nehemías que podrían ayudarle a fortalecer su integridad como líder?

La integridad marcó la diferencia en la vida de Martín Lutero, el cual estuvo dispuesto a morir por sus creencias. ¿En qué áreas de su vida necesita mostrar un mayor nivel de integridad? Enumérelas y, ¡pídale a Dios que le dé convicción para permanecer firme!

Lea de nuevo la sección "El significado de la integridad". Después, busque la palabra *integridad* en un diccionario y descríbala con sus propias palabras.

¿Qué perspectivas obtiene sobre el carácter de la integridad en la sección "La naturaleza de la integridad"?

Lea 1 Samuel 12:1-5 y describa brevemente el testimonio de Samuel sobre su integridad.

Lea Daniel 6:1-17 y escriba brevemente las maneras en que Daniel mostró integridad.

Lea Hechos 20:33-35 y describa la conducta del apóstol Pablo hacia los efesios.

¿Qué verdad de la sección "Nehemías habla sobre liderazgo" le habló? ¿Por qué?

GUÍA DE ESTUDIO

16

LA PUREZA... BENDICE
SU LIDERAZGO

Lea Nehemías 1:4-11 y Daniel 9:3-11. ¿Por qué cree que Dios bendijo las vidas y los ministerios de estos dos grandes hombres?

Lea Nehemías 13:4-28 y describa algunos problemas que enfrentó Nehemías cuando regresó a Jerusalén en su segundo recorrido como gobernador:

¿Por qué la pureza fue una fuente de fortaleza cuando manejó esos problemas?

Lea Hechos 13:22 y describa cómo la pureza se cruza en este versículo.

Repase la sección "La norma de pureza de Dios" y describa la secuencia de pureza de Dios Padre mediante Jesús hasta llegar a usted (el líder) y el ejemplo que les da a sus seguidores.

¿Qué piensa sobre su ejemplo? ¿Qué podría hacer para convertirse en un mejor ejemplo?

¿Cómo evaluaría su disposición a dar los siguientes pasos hacia una mayor pureza?

Paso #1. *Mirar su corazón.*

Paso #2. *Tratar con el pecado.*

Paso #3. *Desarrollar convicciones personales.*

Paso #4. *Suavizar sus convicciones con compasión.*

¿Qué verdad de la sección "Nehemías habla sobre liderazgo" le habló? ¿Por qué?

Al leer y terminar todas las preguntas de estudio, ¿qué ideas, principios, sugerencias o advertencias le resultaron más útiles para poner en práctica hoy o esta semana?

Verdad para poner en práctica #1:

Verdad para poner en práctica #2:

BIBLIOGRAFÍA

Barber, Cyril J. *Nehemías: Dinámicas de un líder.* Miami, FL: Vida, 2003.

Chambers, Oswald. *Disciplinas cristianas.* Deerfield Beach, FL: Vida, 1997.

Engstrom, Ted W. *Motivación para toda la vida.* Miami, FL: Vida, 1985.

Finzel, Hans. *Los líderes. Sus 10 errores más comunes.* México, Las Américas, 2001.

George, Jim. *Guía bíblica esencial: Entienda cualquier libro de la Biblia en 10 minutos.* Grand Rapids, Mi: Portavoz, 2009.

George, Jim. *Extraordinarias oraciones de la Biblia: El poder transformador para su vida.* Grand Rapids, MI: Portavoz, 2006.

Maxwell, John C. *Las 21 cualidades indispensables de un líder.* Nashville, TN: Grupo Nelson, 2006.

Maxwell, John C. *Los 21 minutos más poderosos en el día de un líder.* Nashville, TN: Betania, 2001. Maxwell, John C. *Biblia de liderazgo.* Nashville, TN: Caribe-Betania, 2004.

Peters, Thomas J., y Robert H. Waterman, Jr. *En busca de la excelencia.* Barcelona: Plaza y Janés, 1984.

Sanders, J. Oswald. *Liderazgo espiritual.* Grand Rapids, MI: Portavoz, 1995.

Swindoll, Charles R. *Pásame otro ladrillo.* Nashville, TN: Grupo Nelson, 2011.

Wiersbe, Warren W. *Llamados a ser líderes de Dios.* Grand Rapids, MI: Portavoz, 2012.

Wight, Fred H. *Usos y costumbres de las tierras bíblicas.* Grand Rapids, MI: Portavoz, 1981.

NOTAS

1. En un discurso de John F. Kennedy (1959), tal como se cita en *The Merriam-Webster Dictionary of Quotations* [Diccionario de frases célebres Merriam-Webster] (Springfield, MA: Merriam-Webster), p. 81.

2. Thomas J. Peters y Robert H. Waterman, Jr., *En busca de la excelencia*. Barcelona: Plaza y Janés, 1984. Ver el capítulo titulado "Los principios".

3. Cyril J. Barber, *Nehemiah and the Dynamics of Effective Leadership* [*Nehemías: Dinámicas de un líder*] (Neptune, NJ: Loizeaux Brothers, 1976), p. 24. Publicado en español por Vida.

4. Hans Finzel. *The Top Ten Mistakes Leaders Make* [*Los líderes. Sus 10 errores más comunes*] (Colorado Springs, CO: Cook Communications Ministries, 2000), p. 39. Publicado en español por Ediciones Las Américas.

5. J. Oswald Sanders, *Spiritual Leadership* [*Liderazgo espiritual*] (Chicago, IL: Moody Press, 1967), p. 122. Publicado en español por Portavoz.

6. Escrito por Jean Klett, asesor y mentor empresarial que ayuda a emprendedores serios en la creación de un negocio en línea rentable con múltiples vías de ingreso. Publicado el 5 de julio de 2009. Para más información y para contactar con el autor, visite: http://www.7figurelifeplan.com

7. Ibíd.

8. Charles R. Swindoll, *Hand Me Another Brick* [*Pásame otro ladrillo*] (Nashville, TN: Thomas Nelson, 1978), p. 41. Publicado en español por Grupo Nelson.

9. Sanders, *Spiritual Leadership* [*Liderazgo espiritual*], p. 84.

10. www.1-famous-quotes.com/quote/38977.

11. Herbert Lockyer, *All the Prayers of the Bible* [Todas las oraciones de la Biblia]. Grand Rapids: Zondervan, 1973. Ver la sección sobre Nehemías.

12. J. Sidlow Baxter, http://en.wikiquote.org/wiki/J._Sidlow_Baxter.

13. John C. Maxwell, *The 21 Indispensable Qualities of a Leader* [*Las 21 cualidades indispensables de un líder*] (Nashville, TN: Thomas Nelson, 1999), p. 41. Publicado en español por Grupo Nelson.

14. Sanders, *Spiritual Leadership* [*Liderazgo espiritual*], citando a James Burn, *Revivals, Their Laws and Leaders* [Avivamientos, sus leyes y líderes] (Chicago IL: Moody Press, 1979), pp. 181-182.

15. H. W. Crocker III, *Robert E. Lee on Leadership* [Lecciones de Robert E. Lee sobre el liderazgo] (Roseville, CA: Prima Publishing, 2000) p. 35.

16. Kenneth Boa, Sid Buzzell, y Bill Perkins, *Handbook to Leadership* [Manual de liderazgo] (Atlanta, GA: Trinity House, 2007), p. 178.

17. Ted W. Engstrom, *The Making of a Christian Leader* [La formación de un líder cristiano] (Grand Rapids: Zondervan, 1976), p. 141.

18. Edwin Bliss, *Getting Things Done* [Terminar las cosas] (New York: Bantam, 1984), p. 127.

19. Se le atribuye la frase al General Dwight D. Eisenhower, 34° presidente de Estados Unidos.

20. Engstrom, *The Making of a Christian Leader* [La formación de un líder cristiano], p. 134.

21. Donald K. Campbell, *Nehemiah: Man in Charge* [Nehemías: El encargado] (Wheaton, IL: Victor Books, 1979), p. 21.

22. Ted W. Engstrom, *Motivation to Last a Lifetime* [*Motivación para toda la vida*] (Grand Rapids: Zondervan, 1976), p. 92. Publicado en español por Vida.

23. www.brainyquote.com/quote/authors/h/henry-ford.html.

24. La frase se le atribuye a J. C. Penney, pero la fuente es anónima.

25. Hans Finzel, *Los líderes. Sus 10 errores más comunes* (México, Ediciones Las Américas, 2001).

26. www.juntosociety.com/uspresidents/trooosevelt.html

27. Engstrom. *Motivation to Last a Lifetime* [*Motivación para toda la vida*].

28. Michael Griffiths, *God's Forgetful Pilgrims* [Los peregrinos olvidadizos de Dios] (Grand Rapids: Eerdmans, 1975).

29. Barber, *Nehemiah and the Dynamics of Effective Leadership* [*Nehemías: Dinámicas de un líder*], p. 71.

30. Jeffrey Gitomer, *Jeffrey Gitomer's Little Book of Leadership* [El pequeño libro sobre liderazgo de Jeffrey Gitomer] (Hoboken, NJ: John Wiley & Sons, Inc., 2011), p. 17.

31. Alan Axelrod, *Patton on Leadership* [Lecciones de Patton sobre liderazgo] (Paramus, NJ: Prentice Hall Press, 1999), p. 185.

32. Ibíd., p. 128.

33. Henry Jacobsen, *Building with God: Ezra, Nehemiah* [Construir con Dios: Esdras y Nehemías] (Wheaton IL: Scripture Press, 1968), p. 63.

34. Finzel, *The Top Ten Mistakes Leaders Make* [*Los líderes. Sus 10 errores más comunes*], p. 180.

35. Sanders, *Spiritual Leadership* [*Liderazgo espiritual*], p. 48.

36. John C. Maxwell, *The Maxwell Leadership Bible* [Biblia de liderazgo] (Nashville, TN: Thomas Nelson, 2002), p. 969. Publicado en español por Caribe-Betania.

37. Sanders, *Spiritual Leadership* [*Liderazgo espiritual*], p. 115.

38. William Safire y Leonard Safir, eds. *Leadership: A Treasury of Great Quotations for Those Who Aspire to Lead* [Un tesoro de grandes frases célebres para quienes aspiran a liderar] (New York: Galahad Books, 1990), p. 134.

39. James M. Kouzes y Barry Z. Posner, *Credibility: How Leaders Gain and Lose It, Why People Demand It* [Credibilidad: cómo ganan y pierden los líderes, y por qué las personas lo exigen] (San Francisco CA: Jossey-Bass, 2011) p. 5.

40. Sanders, *Spiritual Leadership* [*Liderazgo espiritual*], p. 13.

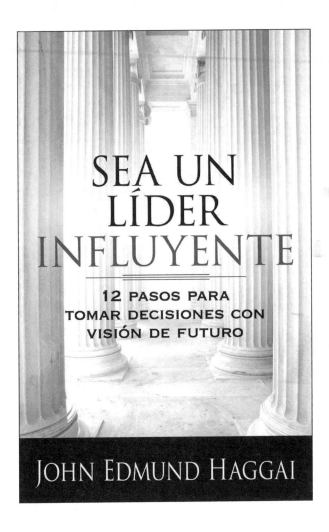

Mientras que otros libros sobre el liderazgo se centran en los métodos que, lamentablemente, deben ir cambiando con el paso del tiempo, este libro analiza las características esenciales del liderazgo de éxito, que perduran por mucho que cambien las cosas.

ISBN: 978-0-8254-1334-6

Disponible en su librería cristiana favorita o en www.portavoz.com

La editorial de su confianza

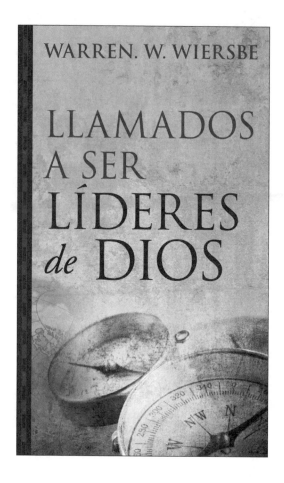

En este libro, el reconocido pastor y expositor de la Biblia Warren W. Wiersbe lidia bíblicamente con temas que son relevantes para el liderazgo cristiano, incluyendo:

- obediencia
- carácter
- madurez
- capacidad
- autoridad de Dios
- aprovechar las oportunidades

- imágenes bíblicas del liderazgo
- medición de la gestión
- ser un líder en oposición a ser un jefe
- gestión del cambio
- dirección de la organización
- visión

Tanto si usted desempeña posiciones de liderazgo dentro o fuera de la iglesia, como si es un pastor o diácono, encontrará que este libro le cautiva y transforma.

ISBN: 978-0-8254-1872-3

Disponible en su librería cristiana favorita o en www.portavoz.com

La editorial de su confianza

J. OSWALD SANDERS

SEA UN LÍDER

Aprenda a ser un líder
dinámico y espiritual
en su ministerio

En este profundo y cautivante estudio de la vida de Pablo, Sanders resalta las cualidades que hicieron que Pablo fuera el gran líder que fue: su espíritu pionero, sus poderosas habilidades de comunicación, su vida de oración ferviente, su devoción de todo corazón a Jesucristo, y su exaltada visión de Dios.

ISBN: 978-0-8254-0525-9

Disponible en su librería cristiana favorita o en www.portavoz.com

La editorial de su confianza

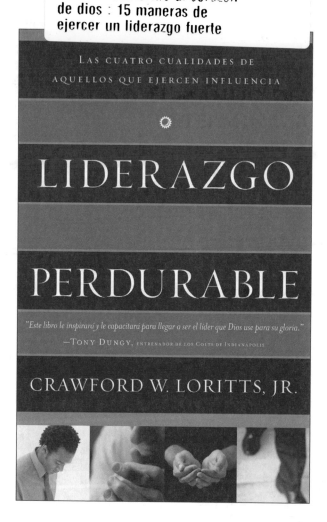

LAS CUATRO CUALIDADES DE
AQUELLOS QUE EJERCEN INFLUENCIA

LIDERAZGO

PERDURABLE

"Este libro le inspirará y le capacitará para llegar a ser el líder que Dios use para su gloria."
—TONY DUNGY, ENTRENADOR DE LOS COLTS DE INDIANÁPOLIS

CRAWFORD W. LORITTS, JR.

Quebrantamiento. Comunión. Actitud de siervo. Obediencia. Estos rasgos constituyen el marco de un *Liderazgo perdurable*. Al examinar cada rasgo, Loritts socava muchas ideas muy comunes sobre el liderazgo que no son bíblicas. Según Loritts, Dios no busca a líderes como el mundo lo hace. Él busca discípulos, e irónicamente, a la medida que estos discípulos le siguen, se convertirán en líderes.

ISBN: 978-0-8254-1378-0

Disponible en su librería cristiana favorita o en www.portavoz.com

La editorial de su confianza